L'ESSENTIEL

DE L'ÉGLISE DU NAZARÉEN

NOTRE IDENTITÉ - NOS CROYANCES

DANS SES FORMES LES PLUS AUTHENTIQUES, TANT SUR LA TERRE QUE DANS LES CIEUX, L'ÉGLISE DE DIEU EST FAITE DE RASSEMBLEMENTS, D'ENSEIGNEMENTS ET D'UNITÉ DANS L'ADORATION. CEPENDANT, TOUTES CES CHOSES ONT POUR BUT D'AIDER CHAQUE PERSONNE À DEVENIR CONFORME À L'IMAGE DE SON FILS.

—PHINEAS F. BRESSE

Premier surintendant général de l'Église du Nazaréen

L'ESSENTIEL
DE L'ÉGLISE DU NAZARÉEN

NOTRE IDENTITÉ - NOS CROYANCES

BIENVENUE !

Une nouvelle génération de leaders spirituels et un nombre toujours plus important de croyants ont formulé le souhait que les fondements des enseignements, de l'histoire, de la théologie, de la mission, du financement et des connexions de l'Église du Nazaréen soient rassemblés dans un document concis, largement diffusé et formulé dans un langage clair.

L'essentiel de l'Église du Nazaréen explique la raison d'être de l'Église du Nazaréen, mouvement mondial fondé sur la sainteté et sur le mandat missionnaire du Christ dans la tradition wesleyo-arminienne.

Destiné au clergé comme aux laïcs, c'est un moyen de mieux comprendre à la fois le but de l'église de répandre la sainteté biblique et sa mission de faire des disciples à l'image du Christ dans les nations.

Par la lecture et l'étude de ce livret, nous espérons que vous connaîtrez mieux l'Église du Nazaréen et son désir de partager fidèlement la Bonne Nouvelle de Jésus-Christ.

L'essentiel de l'Église du Nazaréen est accessible sur Internet à l'adresse BNSW.org.

L'essentiel de l'Église du Nazaréen est un complément au *Manuel de l'Église du Nazaréen* sans toutefois s'y substituer.
Parrainé par le Conseil des surintendants généraux de l'Église du Nazaréen
978-1-56344-084-7
Copyright © 2015
ver150915pod

John Wesley, 1703-1791
Fondateur du méthodisme

NOTRE HÉRITAGE WESLEYEN DE LA SAINTETÉ

L'Église du Nazaréen confesse qu'elle est une composante de l'Église « une, sainte, universelle et apostolique » du Christ qui fait sienne l'histoire du peuple de Dieu relatée dans l'Ancien et le Nouveau Testaments et l'histoire du peuple de Dieu à travers les siècles, quelle que soit l'expression de l'Église du Christ où il se trouve. Elle reçoit comme expressions de sa propre foi les credo œcuméniques des cinq premiers siècles de l'ère chrétienne.

Elle s'identifie à l'église historique par la prédication de la Parole, l'administration des sacrements, le maintien d'un ministère apostolique par sa foi et ses actes et la transmission des disciplines de la vie et du service à l'image du Christ. Elle se joint aux saints dans sa réponse à l'appel à une vie sainte et à une dévotion entière envers Dieu qu'elle proclame par sa théologie de l'entière sanctification.

Notre héritage chrétien a été transmis par la réforme anglaise du 16ème siècle et le réveil wesleyen du 18ème siècle. Au moyen de la prédication de John et Charles Wesley, des personnes d'Angleterre, d'Écosse, d'Irlande et du Pays de Galles se détournent du péché et reçoivent une puissance qu'ils emploient dans le service chrétien. Ce réveil est caractérisé par la prédication laïque, les témoignages, la discipline, des cercles de disciples fervents appelés « sociétés », « classes » et « bandes ». Les marques théologiques du réveil wesleyen sont notamment : la justification par grâce par le moyen de la foi, la sanctification ou perfection chrétienne et le témoignage de l'Esprit concernant l'assurance de la grâce.

Les contributions spécifiques de John Wesley sont notamment un accent mis sur l'entière sanctification comme disposition de Dieu par grâce pour la vie chrétienne. Ses enseignements sont disséminés dans le monde entier. En Amérique du Nord, l'Église méthodiste épiscopale est organisée en 1784 « pour réformer le continent et répandre la sainteté biblique dans ces contrées. »

Un accent renouvelé placé sur la sainteté chrétienne se développe au milieu du 19ème siècle. À Boston, Timothy Merritt suscite l'intérêt en tant que rédacteur du *Guide de la perfection chrétienne*. Dans la ville de New York, Phoebe Palmer anime les rencontres du mardi pour la promotion de la sainteté et devient une oratrice, auteure et rédactrice très écoutée. En 1867, J. A. Wood, John Inskip et d'autres prédicateurs méthodistes sont à l'origine des premiers d'une longue série de camps de sainteté qui renouvellent la quête wesleyenne de la sainteté autour du monde.

La sainteté chrétienne est alors particulièrement importante pour les Méthodistes wesleyens, les Méthodistes libres, l'Armée du salut ainsi que pour certains Mennonites, certaines églises de Frères et les Quakers. Des évangélistes apportent ce mouvement en Allemagne, au Royaume-Uni, en Scandinavie, en Inde et en Australie. De nouvelles églises attachées à la doctrine de la sainteté apparaissent et notamment l'Église de Dieu (à Anderson dans l'Indiana). Des églises indépendantes enseignant la doctrine de la sainteté, des missions urbaines ainsi que des organisations missionnaires sont établies par ces mouvements. L'Église du Nazaréen est formée dans un élan visant à unir ces nombreux groupes en une même église de sainteté.

L'unité dans la sainteté

Fred Hillery forme l'Église évangélique du peuple en 1887. L'Église de la mission suit en 1888. En 1890, ces églises rejoignent huit autres assemblées de Nouvelle Angleterre pour constituer l'Association centrale de sainteté évangélique. Anna S. Hanscome, ordonnée en 1892, est le premier ministre du culte de sexe féminin de la lignée nazaréenne.

En 1894-1895, William Howard Hoople organise trois églises de sainteté à Brooklyn rassemblées dans l'Association des églises pentecôtistes d'Amérique. Pour eux comme pour les autres fondateurs de l'Église du Nazaréen, le mot « pentecôtiste » est synonyme du mot « sainteté ». Les groupes de Hillery et Hoople fusionnent en 1896 et établissent des œuvres en Inde (en 1899) et au Cap-Vert (en 1901). Le dirigeant missionnaire Hiram Reynolds organise des assemblées au Canada (en 1902). En 1907, le groupe s'étend de la province de Nouvelle-Écosse jusqu'à l'État de l'Iowa.

En 1894, Robert Lee Harris forme l'Église du Nouveau testament du Christ. Mary Lee Cagle, sa veuve, poursuit son développement en 1895. C. B. Jernigan fonde la première Église de sainteté indépendante en 1901. Ces églises fusionnent à Rising Star au Texas (1904) pour former l'Église du Christ de la sainteté. Dès 1908, cette église s'étend de la Géorgie au Nouveau Mexique, se mettant au service des marginaux et des défavorisés, accueillant les orphelins et les mères célibataires et soutenant des travailleurs en Inde et au Japon.

Phineas F. Bresee et Joseph P. Widney, avec une centaine d'autres personnes, forment l'Église du Nazaréen en 1895 à Los Angeles. Ils affirment que, sanctifiés par la foi, les chrétiens doivent suivre l'exemple du Christ et prêcher l'Évangile aux pauvres. Ils croient que leur temps et leur argent doivent être consacrés à des ministères à l'image de la vie du Christ pour le salut des âmes et le soulagement des défavorisés. L'Église du Nazaréen se développe principalement le long de la côte ouest des États-Unis, certaines églises s'établissant plus à l'est jusqu'à l'État de l'Illinois. Cette église est également partenaire d'une mission indigène à Calcutta en Inde.

En octobre 1907, l'Association des églises pentecôtistes d'Amérique et l'Église du Nazaréen se rassemblent conjointement à Chicago pour adopter un système de gouvernement qui permet l'équilibre entre la surintendance et les droits des assemblées locales. Les surintendants doivent soutenir et prendre soin des églises établies, organiser et encourager les nouvelles églises mais sans interférer avec les actions indépendantes des églises pleinement établies. Les délégués de l'Église du Christ de la sainteté sont présents. La première assemblée générale adopte un nom tiré des deux organisations : l'Église pentecôtiste du Nazaréen. Bresee et Reynolds sont élus surintendants généraux.

En septembre 1908, la Conférence de Pennsylvanie de l'Église du Christ de la sainteté, dirigée par H. G. Trumbaur, se joint aux Nazaréens pentecôtistes. Le 13 octobre, la deuxième assemblée générale est convoquée à Pilot Point au Texas au cours de laquelle le conseil général de l'Église du Christ de la sainteté valide l'union des deux églises.

Dirigée par J. O. McClurkan, la Mission pentecôtiste formée à Nashville en 1898 rassemble des fidèles convaincus de la doctrine de la sainteté dans le Tennessee et les états adjacents. Ils envoient des pasteurs et des enseignants à Cuba, au Guatemala, au Mexique et en Inde. En 1906, George Sharpe est exclu de l'Église congrégationaliste de Parkhead à Glasgow en Écosse pour avoir prêché la doctrine wesleyenne de la sainteté chrétienne. Il fonde l'Église pentecôtiste de Parkhead, d'autres assemblées locales sont établies et l'Église pentecôtiste d'Écosse est formée en 1909. La Mission pentecôtiste et l'Église pentecôtiste d'Écosse rejoignent les Nazaréens pentecôtistes en 1915.

La cinquième assemblée générale (en 1919) modifie le nom officiel de la dénomination pour adopter l'appellation Église du Nazaréen. Le mot « pentecôtiste » n'est plus synonyme de la doctrine de la sainteté comme c'était le cas à la fin du 19ème siècle, lorsque les premiers fondateurs choisissent le nom de l'église. La jeune dénomination reste fidèle à sa mission première, à savoir la prédication de l'Évangile du plein salut.

NOTRE ÉGLISE MONDIALE

Le caractère essentiel de l'Église du Nazaréen a été façonné par les églises mères qui se sont unies jusqu'en 1915. La dimension internationale fait partie de ces caractéristiques. La dénomination soutient déjà des églises pleinement organisées aux États-Unis, en Inde, au Cap-Vert, à Cuba, au Canada, au Mexique, au Guatemala, au Japon, en Argentine, au Royaume-Uni, au Swaziland, en Chine et au Pérou. Dès 1930, la dénomination est également présente en Afrique du Sud, en Syrie, en Palestine, au Mozambique, à la Barbade et à la Trinité. Des leaders nationaux jouent un rôle essentiel dans ce développement, notamment les surintendants de district V. G. Santin au Mexique, Hiroshi Kitagawa au Japon et Samuel Bhujbal en Inde. Ce caractère international se trouve renforcé par de nouvelles additions à l'église.

En 1922, J. G. Morrison aide de nombreux ouvriers de l'Association des laïcs de la sainteté avec plus de 1000 membres à rejoindre l'église. En Corée, Chung Nam Soo (Robert Chung) permet à un réseau de pasteurs et d'assemblées locales de rejoindre l'Église du Nazaréen dans les années 1930. Sous la direction de A. A. E. Berg, des églises d'Australie s'unissent à l'église en 1945. En 1948, Alfredo del Rosso mène des églises italiennes pour rejoindre la dénomination. L'œuvre de l'Association missionnaire Hephzibah de la foi d'Afrique du Sud s'unissent aux Nazaréens autour de 1950.

La Mission internationale de la sainteté fondée à Londres par David Thomas en 1907 développa d'importantes œuvres en Afrique du Sud sous la direction de David Jones. En 1952, ses églises en Angleterre dirigées par J. B. Maclagan et ses œuvres africaines s'unissent aux Nazaréens. Maynard James et Jack Ford fondent l'Église de la sainteté du calvaire en Grande-Bretagne en 1934 et rejoignent les Nazaréens en 1955. L'Église des ouvriers de l'Évangile, organisée par Frank Goff au Canada dans l'Ontario en 1918 rejoint l'Église du Nazaréen en 1958. Une Église du Nazaréen indigène est formée par des Nigérians dans les années 1940 et celle-ci rejoint la dénomination internationale en 1988 sous la direction de Jeremiah U. Ekaidem. Ces diverses adhésions renforcent alors le caractère international de l'Église du Nazaréen.

Aux vues de ces développements, les Nazaréens décident d'adopter un modèle d'église différent de la norme protestante. En 1976, un comité d'étude est chargé d'examiner la forme que prendrait la dénomination à l'avenir. Dans son rapport présenté en 1980, il est recommandé que l'assemblée générale adopte une politique d'internationalisation fondée sur deux principes.

Premièrement, cette politique reconnaît que les églises et districts nazaréens à travers le monde constituent une « communion mondiale de croyants au sein de laquelle chacun est pleinement accepté dans son contexte culturel ». Deuxièmement, l'existence d'un attachement commun à la « mission distinctive de l'Église du Nazaréen » est identifiée, mission qui consiste à « répandre la sainteté biblique… [comme] l'élément clé du noyau des caractéristiques non négociables qui représentent l'identité nazaréenne ».

L'assemblée générale de 1980 adopte « l'uniformité théologique internationale » autour des articles de foi, affirme l'importance de la formation théologique de tous les ministres et préconise un soutien adéquat de toutes les institutions de formation théologique dans chaque région du monde. Elle appelle les Nazaréens à avancer vers la maturité en tant que communauté internationale dédiée à la sainteté au sein d'un cadre unique de liens dans lequel la mentalité colonialiste qui évaluait les peuples et les nations en termes de « fort et faible, donneur et receveur » laisse place à « une mentalité qui adopte une façon entièrement nouvelle d'appréhender le monde en reconnaissant les forces et l'égalité de tous les partenaires »[1].

Par la suite, l'Église du Nazaréen a connu une croissance unique parmi les protestants. En 1998, la moitié des nazaréens vit hors des États-Unis et du Canada et 41% des délégués à l'assemblée générale de 2001 ne parlent pas l'anglais ou l'ont appris comme langue étrangère. En 2009, un Africain, Eugenio Duarte originaire du Cap-Vert, est élu surintendant général de l'église.

Les spécificités du ministère international

Au fil de leur histoire, les ministères stratégiques nazaréens ont concerné l'évangélisation, le service social et l'éducation. Ceux-ci prospèrent grâce à la coopération mutuelle des missionnaires interculturels et des milliers de pasteurs et laïcs qui adaptent les principes wesleyens dans leurs cultures respectives.

Hiram F. Reynolds prit la décision stratégique d'établir des ministères interculturels nazaréens et de développer le concept d'évangélisation mondiale à l'échelle de la dénomination. Dans ses fonctions de surintendant général qu'il assume pendant un quart de siècle, son soutien constant contribue à faire de la mission une priorité de la dénomination. Depuis 1915, la Mission nazaréenne internationale (appelée Société missionnaire des femmes à ses débuts) lève des fonds et favorise l'éducation à la mission dans les églises du monde entier.

Les premiers nazaréens étaient pleins de compassion et rendaient témoignage de la grâce de Dieu en soutenant les efforts de lutte contre la faim en Inde, en fondant des orphelinats, des foyers maternels pour les adolescentes et les mères célibataires et des missions urbaines accueillant les personnes droguées ou sans abri. Dans les années 1920, les priorités des ministères sociaux de l'église évoluent vers la médecine et des hôpitaux sont construits en Chine et au Swaziland puis en Inde et en Papouasie-Nouvelle-Guinée par la suite. Des professionnels de santé nazaréens se mettent au service des malades, opèrent, forment des infirmiers et organisent des centres mobiles de soins au service de populations comptant parmi les plus pauvres du monde.

Des centres de soins spécialisés sont établis, notamment des centres destinés au traitement de la lèpre en Afrique. La création des Ministères de compassion nazaréens dans les années 1980 permet de développer un éventail plus large de ministères sociaux qui se poursuivent encore aujourd'hui avec, entre autres, le parrainage d'enfants, l'intervention suite aux catastrophes naturelles, l'éducation relative au SIDA, des projets d'accès à l'eau potable et la distribution de vivres.

Les écoles du dimanche nazaréennes et les études bibliques ont toujours fait partie intégrante de la vie des assemblées et jouent un rôle important dans la formation des disciples à l'image du Christ. L'église investit dans les fondements éducatifs et l'alphabétisation depuis les premières années de l'École Espérance pour filles de Calcutta qui est fondée en 1905. Les écoles nazaréennes autour du monde préparent les personnes à participer pleinement à la vie sociale, économique et religieuse. La plupart des premières universités nazaréennes des États-Unis accueillent des élèves des niveaux primaire et secondaire jusqu'aux années 1950.

Les fondateurs de l'Église du Nazaréen choisissent d'investir largement dans l'enseignement supérieur qu'ils estiment essentiel pour la formation des pasteurs et d'autres ouvriers chrétiens ainsi que pour la formation des laïcs. Le Conseil international de l'éducation rassemble les établissements d'enseignement supérieur nazaréens dans le monde dont des universités situées en Afrique, au Brésil, au Canada, dans les Caraïbes, en Corée et aux États-Unis ainsi que des instituts bibliques, des écoles d'infirmiers en Inde et en Papouasie-Nouvelle-Guinée et des séminaires dispensant des formations théologiques au niveau maîtrise ou doctorat en Australie, au Costa Rica, en Angleterre, aux Philippines et aux États-Unis.

Église caractérisée par une présence internationale à ses débuts, l'Église du Nazaréen s'est transformée au fil du temps pour devenir une communauté mondiale de croyants. Établis dans la tradition wesleyenne, les Nazaréens se conçoivent comme un peuple chrétien, de la sainteté et missionnaire et ils ont adopté l'énoncé de mission suivant : « Faire des disciples à l'image du Christ dans les nations ».

[1] Journal dimension internationale, 1984, de la vingtième assemblée générale, Église du Nazaréen, 1980, p. 232. Franklin Cook, La p. 49.

LA MISSION DE L'ÉGLISE DU NAZARÉEN EST DE FAIRE DES DISCIPLES À L'IMAGE DE CHRIST DANS LES NATIONS

NOS VALEURS DE BASE

Chaque organisation qui survit à travers les temps est basée sur une combinaison très profonde de but, de croyance, et de valeurs. Ainsi en est-il de l'Église du Nazaréen. Elle a été fondée pour transformer le monde en propageant la sainteté selon les Écritures. C'est une Église de mission et une Église du Mouvement de la sainteté en même temps. Notre mission est de faire de toutes les nations des disciples de Christ.

La vie présente et future de l'Église du Nazaréen est définie par la participation à la mission de Dieu. C'est donc une expression de l'Église de Jésus-Christ et une organisation rendue distincte non seulement par ce qu'elle croit mais par la manière unique dont elle contribue à l'Église du royaume de Dieu.

Il est bon d'identifier ces distinctions que nous embrassons et célébrons avec joie. Nos trésors les plus précieux — notre mission, notre appel, nos croyances, et nos valeurs les plus élevées — nous les offrons joyeusement comme cadeau aux générations à venir.

> NOUS NOUS JOIGNONS À TOUS LES VRAIS CROYANTS EN PROCLAMANT LA SOUVERAINETÉ DE JÉSUS-CHRIST

Nous prions pour que nos valeurs de base continuent à servir de guide à ceux qui devront faire leur chemin au travers de la lumière et des ombres des décennies à venir.

1. Nous sommes un peuple chrétien

Étant membres de l'Église universelle, nous nous joignons à tous les vrais croyants en proclamant la souveraineté de Jésus-Christ et en embrassant les symboles historiques trinitaires et les croyances de la foi chrétienne. Nous apprécions notre héritage wesleyen de la sainteté et croyons que c'est une manière de comprendre la foi qui est conforme à la vérité des Écritures, à la raison, à la tradition et à l'expérience.

Jésus-Christ est le Seigneur de l'Église, qui, comme le Symbole de Nicée nous l'indique, est une seule Église sainte, universelle et apostolique. En Jésus-Christ et par l'Esprit-Saint, Dieu le Père offre la rémission du péché et la réconciliation à tout le monde. Ceux qui répondent à l'offre de Dieu par la foi deviennent le peuple de Dieu. Après avoir été pardonnés et réconciliés en Christ, nous pardonnons et sommes réconciliés les uns avec les autres. De cette façon, nous sommes l'Église et le corps du Christ et révélons l'unité de ce corps. En tant que corps du Christ, nous avons « un Seigneur, une foi, un baptême ». Nous affirmons l'unité de l'Église du Christ et tâchons en toutes choses de la préserver. (Éphésiens 4.5, 3).

2. Nous sommes un peuple de la sainteté

Dieu, qui est saint, nous appelle à une vie de sainteté. Nous croyons que l'Esprit-Saint cherche à effectuer en nous un deuxième travail de grâce — appelé en d'autres termes l'entière sanctification ou baptême de l'Esprit-Saint — nous lavant de tout péché ; nous renouvelant à l'image de Dieu ; nous autorisant à aimer Dieu de tout notre cœur, âme, esprit, et force, et notre prochain comme nous-mêmes ; et produisant en nous le caractère de Christ. La sainteté dans la vie des croyants est le plus clairement comprise comme une conformité à l'image du Christ.

> **C'EST L'ŒUVRE DU SAINT-ESPRIT QUI NOUS RECONSTRUIT À L'IMAGE DE DIEU ET PRODUIT EN NOUS LE CARACTÈRE DE CHRIST.**

Nous sommes appelés par les Écritures et sommes attirés par la grâce pour adorer Dieu et pour l'aimer de tout notre cœur, âme, esprit, et force et notre prochain comme nous-mêmes. C'est pourquoi nous nous engageons entièrement et complètement en Dieu, croyant que nous pouvons être entièrement sanctifiés comme une deuxième expérience de grâce. Nous croyons que l'Esprit-Saint nous convainc, nous nettoie, nous remplit et nous rend capables alors que la grâce de Dieu nous transforme de jour en jour en un peuple d'amour et de pureté, de discipline, d'éthique et de morale spirituelle, de compassion et de justice. C'est le travail de l'Esprit-Saint qui nous reconstruit en l'image de Dieu et produit en nous le caractère de Christ.

Nous croyons en Dieu le Père, le créateur, qui appelle à être ce qui n'existe pas. Nous n'étions pas par le passé, mais Dieu nous a appelés à être, nous a faits pour lui-même, et nous a façonnés à son image. Nous avons été appelés à refléter l'image de Dieu : « Je suis l'Éternel, votre Dieu ; vous vous sanctifierez et vous serez saints, car je suis saint » (Lévitique 11.44).

3. Nous sommes un peuple missionnaire

Nous sommes un « peuple envoyé », répondant à l'appel du Christ et rendu capable par l'Esprit-Saint d'aller par le monde entier, témoignant de la souveraineté du Christ et participant avec Dieu à la construction de l'Église et à la propagation de son royaume (Matthieu 28.19-20 ; 2 Corinthiens 6.1). Notre mission (a) commence par l'adoration, (b) se démontre au monde par l'évangélisation et la compassion, (c) encourage les croyants vers la maturité chrétienne en faisant des disciples et (d) prépare femmes et hommes pour le service chrétien par l'enseignement chrétien supérieur.

A. Notre mission d'adoration

La mission de l'Église dans le monde commence par l'adoration. C'est lorsque nous nous rassemblons devant Dieu pour l'adorer — en chantant, en écoutant la lecture publique de la Bible, en donnant nos dîmes et nos offrandes, en priant, en écoutant la prédication de la Parole, en baptisant et en partageant le repas du Seigneur — que nous savons très clairement ce que signifie être le peuple de Dieu. Le fait de croire que le travail de Dieu dans le monde s'accomplit principalement par des congrégations d'adorateurs nous fait comprendre que notre mission inclut la réception de nouveaux membres dans la communauté de l'Église et de l'organisation de nouvelles congrégations d'adorateurs.

> **L'ADORATION EST L'EXPRESSION LA PLUS ÉLEVÉE DE NOTRE AMOUR POUR DIEU.**

L'adoration est l'expression la plus élevée de notre amour pour Dieu. C'est l'adoration concentrée sur Dieu qui honore celui qui dans la grâce et la pitié nous rachète. Le contexte primaire de l'adoration est l'église locale où le peuple de Dieu se réunit, pas dans une expérience égocentrique ou pour la glorification de l'individu, mais dans l'abandon et le don de soi. L'adoration c'est l'Église qui aime, au service obéissant de Dieu.

B. Notre mission de compassion et d'évangélisation

En tant que peuple consacré à Dieu, nous partageons son amour pour celui qui est perdu et sa compassion pour le pauvre et l'opprimé. Le grand commandement (Matthieu 22.36-50) et la grande commission (Matthieu 28.19-20) nous poussent à engager le monde dans l'évangélisation, la compassion, et la justice. À cet effet nous sommes engagés à inviter les gens à la foi, à prendre soin des personnes dans le besoin, à se tenir contre l'injustice et avec l'opprimé, à travailler pour protéger et préserver les ressources de la création de Dieu, et à inclure dans notre communauté tous ceux qui invoqueront le nom du Seigneur.

À travers sa mission dans le monde, l'Église démontre l'amour de Dieu. L'histoire de la Bible est l'histoire de Dieu réconciliant le monde avec lui-même, à travers de Jésus-Christ (2 Corinthiens 5.16-21). L'Église est envoyée à travers le monde pour participer avec Dieu à ce ministère d'amour et de réconciliation par l'évangélisation, la compassion, et la justice.

C. Notre mission de faire des disciples

> **LE DISCIPULAT, C'EST DEVENIR SOI-MÊME DISCIPLE ET FAIRE DES DISCIPLES**

Nous sommes appelés à être, et à inviter d'autres à devenir, des disciples de Jésus. À cet effet, nous sommes appelés à fournir les moyens (l'école du dimanche, des études bibliques, de petits groupes de responsabilité mutuelle, etc.) par lesquels les croyants sont encouragés à se développer dans leur compréhension de la foi chrétienne et dans leurs relations l'un avec l'autre et avec Dieu.

Nous comprenons que faire des disciples inclut se soumettre et obéir à Dieu et aux disciplines de la foi. Nous croyons que nous devons nous entraider à vivre une vie sainte par un support mutuel, d'une communion chrétienne et de groupes de chrétiens au sein de l'Église qui se rendent compte les uns aux autres. Wesley a dit, « Dieu nous a donnés les uns aux autres afin de renforcer les mains de chacun ».

Le discipulat chrétien est une façon de vivre. C'est le processus d'apprendre comment Dieu voudrait que nous vivions dans ce monde. Alors que nous apprenons à vivre dans l'obéissance à la Parole de Dieu, dans la soumission aux disciplines de la foi, et dans la responsabilité les uns envers les autres, nous commençons à comprendre la vraie joie d'une vie disciplinée et la signification chrétienne de la liberté. Faire des disciples n'est pas un pur effort humain, soumis aux règles et aux règlements. C'est le moyen par lequel l'Esprit-Saint nous conduit graduellement à la maturité en Christ. C'est en faisant des disciples que nous devenons un peuple au caractère chrétien. Le but final de faire des disciples est d'être transformé à l'image de Jésus-Christ (2 Corinthiens 3.18).

D. Notre mission pour l'enseignement supérieur chrétien

L'enseignement supérieur chrétien est pour nous un engagement fort. Par ce moyen, les hommes et les femmes sont équipés pour des vies de service chrétien. Dans nos séminaires, instituts bibliques et universités, nous sommes commis à la poursuite de la connaissance, du développement du caractère chrétien, et de l'équipement des dirigeants afin d'accomplir notre appel donné par Dieu de servir dans l'Église et dans le monde.

L'enseignement chrétien supérieur est une partie centrale de la mission de l'Église du Nazaréen. Dans les premières années de l'Église du Nazaréen, des établissements d'éducation chrétienne ont été établis afin de préparer des femmes et des hommes de Dieu pour la conduite et le service du chrétien dans la diffusion globale de la renaissance de la mouvance wesleyenne avec son accent sur la vie de sainteté. Notre engagement continu à l'enseignement chrétien supérieur au cours des années a produit un réseau mondial de séminaires, d'instituts bibliques et d'universités.

NOTRE MISSION

La mission de l'Église du Nazaréen est de faire des disciples à l'image du Christ dans les nations.

Nous sommes une église engagée dans le mandat missionnaire du Seigneur (Matthieu 28.19-20). En tant que communauté de foi mondiale, nous sommes envoyés pour apporter la Bonne Nouvelle de la vie en Jésus-Christ à tous et en tous lieux et pour répandre le message de la sainteté biblique (la vie à l'image du Christ) à travers ces contrées.

L'Église du Nazaréen rassemble des personnes qui ont fait de Jésus-Christ le Seigneur de leur vie, partageant la communion chrétienne et cherchant à s'affermir les uns les autres dans le développement de leur foi par l'adoration, la prédication, la formation et le service envers autrui.

Nous cherchons à exprimer à tous la compassion de Jésus-Christ tout en nous attachant personnellement à vivre à l'image du Christ.

Bien que l'objectif premier de l'église soit de glorifier Dieu, nous sommes aussi appelés à participer activement à sa mission, réconciliant le monde avec lui-même.

L'énoncé de mission inclut des éléments historiques essentiels de notre mission : l'évangélisation, la sanctification, la formation des disciples, la compassion. Être à l'image du Christ, c'est l'essence de la sainteté.

Les Nazaréens deviennent un peuple envoyé : dans les maisons, dans les lieux de travail, dans les communautés et les villages ainsi que dans d'autres villes et dans d'autres pays. Des missionnaires sont désormais envoyés en provenance de toutes les régions du monde.

Dieu continue à appeler des personnes ordinaires à accomplir des choses extraordinaires qui sont rendues possibles par la personne du Saint-Esprit.

NOS CARACTÉRISTIQUES NAZARÉENNES

Lors de l'assemblée générale de 2013, le conseil des surintendants généraux dévoila sept caractéristiques de l'Église du Nazaréen :

1. Une adoration authentique
2. La cohérence théologique
3. La passion pour l'évangélisation
4. Le discipulat intentionnel
5. Le développement de l'église
6. Le leadership transformationnel
7. Une compassion engagée

Même si ces caractéristiques descriptives ne remplacent pas notre mission qui consiste à « faire des disciples à l'image du Christ dans les nations » ni nos valeurs fondamentales « chrétien, sainteté, missionnaire », celles-ci décrivent ce qui devrait correspondre à chaque Église du Nazaréen et, dans une large mesure, à chaque Nazaréen en tous lieux. Nous encourageons nos leaders à enseigner ces caractéristiques et tous les Nazaréens à les incarner à l'avenir. Découvrons comment, au fil du temps, celles-ci peuvent devenir réalité pour l'église à travers le monde.

1. Une adoration authentique

Un appel à l'adoration

Venez, chantons avec allégresse à l'Éternel !
Poussons des cris de joie vers le rocher de notre salut.
Allons au-devant de lui avec des louanges, faisons retentir des cantiques en son honneur !
Car l'Eternel est un grand Dieu, il est un grand roi au-dessus de tous les dieux.
Il tient dans sa main les profondeurs de la terre et les sommets des montagnes sont à lui.
La mer est à lui, c'est lui qui l'a faite ; la Terre aussi, ses mains l'ont formée.
Venez, prosternons-nous et humilions-nous,
fléchissons le genou devant l'Éternel, notre créateur !
Car il est notre Dieu et nous sommes le peuple dont il est berger,
le troupeau que sa main conduit.
—Psaume 95.1-7a

Nous pouvons affirmer avec assurance qu'adorer Dieu, c'est le reconnaître comme le rocher de notre salut, le grand Dieu, le roi au-dessus de tous les dieux, le créateur de toutes choses et le berger qui prend soin de son peuple.

A. Les disciples de Jésus vécurent dans sa présence et se mirent au service d'autrui du fait de cette relation.

- Jésus envoya ses disciples dans le monde pour exercer un ministère (Matthieu 10).
- Par la suite, il leur dit qu'ils devaient être remplis du Saint-Esprit. Ils attendirent dans la chambre haute et l'Esprit Saint vint comme Jésus l'avait promis (Actes 2).
- Une fois que les disciples débutèrent leur ministère dans le monde, ils devinrent ambassadeurs de Dieu.
- Ils apportèrent un message de réconciliation et une mission de réconciliation (2 Corinthiens 5.11-21).
- Les mots de Paul sont éloquents : « Nous faisons donc les fonctions d'ambassadeurs pour Christ, comme si Dieu exhortait par nous ; nous vous en supplions au nom de Christ : Soyez réconciliés avec Dieu ! Celui qui n'a point connu le péché, il l'a fait devenir péché pour nous, afin que nous devenions en lui justice de Dieu. » (2 Corinthiens 5.20-21).

B. Jésus donna à ses disciples le défi de son mandat missionnaire.

- « Allez, faites de toutes les nations des disciples, les baptisant au nom du Père, du Fils et du Saint-Esprit, et enseignez-leur à observer tout ce que je vous ai prescrit. Et voici, je suis avec vous tous les jours, jusqu'à la fin du monde. » (Matthieu 28.19-20).
- L'église primitive commença à véritablement réaliser ce mandat dans le monde après une rencontre d'adoration authentique à Antioche (Actes 13.1-4).

C. L'adoration authentique est réalisée lorsque nous pratiquons les disciplines de l'Esprit telles que le jeûne et la prière.

- L'Esprit Saint les envoya alors pour gagner des âmes à la foi.
- Ceci se réalisait dans le contexte de l'adoration.

> L'ÉGLISE PRIMITIVE COMMENÇA À VÉRITABLEMENT RÉALISER CE MANDAT DANS LE MONDE APRÈS UNE RENCONTRE D'ADORATION AUTHENTIQUE À ANTIOCHE.

- L'adoration nous inspire et libère la puissance de Dieu dans nos vies.
- L'adoration réoriente nos vies vers celle du Christ. Elle est une discipline spirituelle impérative pour tous les croyants, utilisée par Dieu pour nous former à la sainte image de Jésus.
- Nous devons faire de l'adoration individuelle et collective une pratique régulière de nos vies.

D. L'adoration authentique prévoit des temps où Dieu peut agir parmi nous de la manière qu'il choisit dans nos cultes d'église.

- L'église primitive ne prenait pas de décisions dans des comités ou des séminaires.
- Au lieu de cela, ils se rassemblaient souvent pour des cultes et permettaient à Dieu d'œuvrer librement parmi eux.
- Nous devons être disposés à mettre à l'arrêt nos activités pour donner à Dieu le temps de réaliser son action parmi nous.

E. L'adoration authentique donne à Dieu de l'espace pour agir librement tandis que nous nous attendons à lui de façon intentionnelle.

- Nous devons donner à Dieu le temps de se révéler et de convaincre, d'agir, de toucher, de sauver et de sanctifier les personnes à sa manière et selon son calendrier.
- Nous devrions participer à chaque culte en anticipant de façon intense le fait que Dieu viendra nous rencontrer dans ce rassemblement et qu'il agira parmi nous.
- Nous devons nous attendre à ce que Dieu agisse de manière très évidente, pour accomplir ce que Dieu seul peut accomplir lorsque nous nous rassemblons chaque semaine pour l'adorer. Nous ne devons jamais nous satisfaire de la routine ordinaire de nos rassemblements habituels.

F. Les enfants de Dieu doivent se rassembler chaque semaine afin de pouvoir être captivés de manière puissante par l'Esprit de Dieu.

- Rien ne peut remplacer un esprit humain qui est transformé par l'énergie de l'Esprit de Dieu.
- Les temps d'adoration collective et authentique sont idéaux pour atteindre ce but.

2. La cohérence théologique

A. Notre voix nazaréenne doit être entendue au sein de l'église chrétienne dans son ensemble.

- Elle exprime notre identité théologique.
- C'est ce que nous affirmons, ce qui motive notre action et notre manière de vivre nos croyances dans notre vie quotidienne.

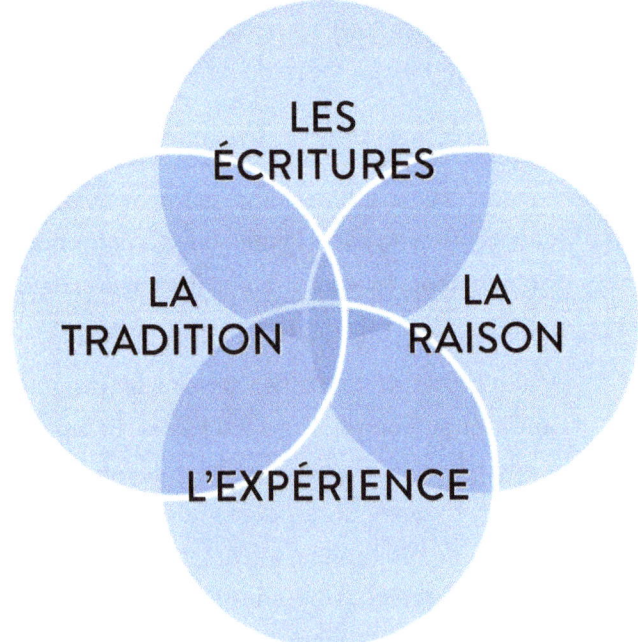

B. Nos sources de cohérence théologique sont les suivantes.

- Les Écritures : Nous croyons que les Saintes Écritures sont un fondement vital de notre identité en Christ.
- La tradition chrétienne : Nous célébrons les enseignements de l'orthodoxie de 2000 ans d'histoire des diverses traditions chrétiennes.

- La raison : Nous croyons que l'Esprit de Dieu œuvre par notre intelligence et nous donne un esprit capable de discernement.
- L'expérience personnelle : Nous croyons que Dieu œuvre dans et à travers les vies des personnes et des communautés qui suivent le Christ.

C. Ces croyances nous donnent une cohérence théologique.

- Nous sommes chrétiens.
    - Nous affirmons notre croyance au Dieu de la Trinité : Père, Fils et Saint-Esprit.
    - Nous affirmons notre foi en Jésus-Christ en tant que Fils de Dieu.
    - Nous affirmons que le Christ est la deuxième personne de la Trinité.
    - Nous adhérons aux credo et aux traditions orthodoxes de l'église chrétienne.
- Nous sommes protestants.
    - Nous croyons en la justification par grâce par le seul moyen de la foi pour le salut.
    - Nous donnons une place élevée à l'autorité des Écritures.
    - Nous croyons au sacerdoce universel de tous les croyants.
    - Nous affirmons que la prédication est une caractéristique centrale du culte et plaçons la chaire de prédication au centre et au devant de l'église.
    - Nous croyons que les dons de l'Esprit sont répartis parmi tous les croyants dans le corps du Christ.
- Nous sommes évangéliques.
    - Nous croyons à la possibilité et à la nécessité d'une relation personnelle avec Jésus-Christ par le pardon des péchés et la transformation de notre caractère à l'image du Christ.
    - Nous croyons au témoignage de notre foi par la transformation des habitudes de vie.
- Nous sommes wesleyens.
    - Nous croyons à la nature essentielle de Dieu autour de laquelle toute théologie est construite : « Dieu est amour » (1 Jean 4.8).
    - Nous croyons que les êtres humains exercent leur libre arbitre afin d'établir une relation authentique avec Dieu.
    - Nous croyons que Dieu fait preuve de grâce et de miséricorde envers l'humanité.
    - Nous croyons que la grâce prévenante de Dieu précède chaque personne, empêche chaque personne de s'enfoncer davantage dans le péché et l'attire vers Dieu.
    - Nous croyons que la grâce de Dieu recherche, rachète, sauve, sanctifie et que cette grâce suffit à chaque personne pour faire d'elle un enfant de Dieu et que par cette grâce, chaque personne peut connaître une victoire continue dans sa marche chrétienne.
    - Nous croyons à l'optimisme de la grâce pour briser la puissance du péché dans la vie d'une personne et pour transformer le pécheur en enfant de Dieu qui obéit volontairement au Seigneur avec un cœur rempli d'amour.
    - Nous croyons que la sainteté et la sanctification sont réellement possibles dans cette vie.
- Nous croyons au témoignage de l'Esprit.
    - Nous croyons à l'assurance qui permet à une personne de savoir que ses péchés sont pardonnés par Dieu et qui lui donne une conscience durable du fait que le sang de Jésus-Christ continue à couvrir ses péchés passés et lui donne la victoire au quotidien.
    - Nous croyons à la direction de l'Esprit qui permet à une personne d'être guidée par Dieu pour les décisions quotidiennes de sa vie. L'Esprit de Dieu peut conduire ses enfants avec des impulsions et des freins qui donnent une orientation au cheminement de la vie.

D. Nous croyons qu'il existe quatre aspects essentiels d'une vie sainte :
- L'image du Christ : être transformé chaque jour à l'image de Jésus par l'œuvre du Saint-Esprit lorsque nous nous rendons disponibles à Dieu pour qu'il agisse en nous. « Si donc il y a quelque consolation en Christ, s'il y a quelque soulagement dans l'amour, s'il y a quelque communion d'esprit, s'il y a quelque compassion et quelque miséricorde, rendez ma joie parfaite, ayant un même sentiment, un même amour, une même âme, une même pensée » (Philippiens 2.1-2).
- La manière de vivre : être mis à part pour des buts saints afin d'accomplir l'œuvre de Dieu dans notre monde. « Je ne te prie pas de les ôter du monde, mais de les préserver du malin. Ils ne sont pas du monde, comme moi je ne suis pas du monde. Sanctifie-les par ta vérité : ta parole est la vérité » (Jean 17.15-17).
- La tentation et le pouvoir de choisir : avoir la capacité de ne pas céder aux dépendances et aux suggestions de la chair ou du malin mais plutôt de recevoir la puissance de Dieu pour vivre une vie sainte. « Qu'il illumine les yeux de votre cœur, pour que vous sachiez quelle est l'espérance qui s'attache à son appel, quelle est la richesse de la gloire de son héritage qu'il réserve aux saints, et quelle est envers nous qui croyons l'infinie grandeur de sa puissance, se manifestant avec efficacité par la vertu de sa force. Il l'a déployée en Christ, en le ressuscitant des morts, et en le faisant asseoir à sa droite dans les lieux célestes » (Éphésiens 1.18-20).
- Le fruit de l'Esprit : l'amour parfait de Dieu qui se manifeste par l'amour, la joie, la paix, la patience, la bonté, la bienveillance, la foi, la douceur et la maîtrise de soi. « La crainte n'est pas dans l'amour, mais l'amour parfait bannit la crainte ; car la crainte suppose un châtiment, et celui qui craint n'est pas parfait dans l'amour » (1 Jean 4.18).

E. Nous croyons à la via media, la voie médiane. Nous essayons d'éviter les extrêmes en considérant les deux versants de nombreuses questions. Nous nous intéressons moins aux spécificités des extrêmes qu'à l'équilibre qui se trouve au milieu autant qu'il est possible.

3. La passion pour l'évangélisation

La passion pour évangélisation est notre réponse à l'amour et à la grâce de Jésus pour l'humanité. L'Église du Nazaréen a débuté avec une passion pour l'évangélisation. Celle-ci continue à se trouver au cœur de notre identité. Dans son appel à l'évangélisation, Phineas Bresee, premier surintendant général de l'Église du Nazaréen, affirma : « Nous avons le devoir de donner l'Évangile à toute personne dans la même mesure où nous l'avons reçu. » Nous tentons d'aider les personnes à découvrir une foi personnelle en Jésus-Christ qui sauve.

A. Jésus a donné l'exemple de la passion pour l'évangélisation :
- « Voyant la foule, il fut ému de compassion pour elle, parce qu'elle était languissante et abattue, comme des brebis qui n'ont point de berger. Alors il dit à ses disciples : La moisson est grande, mais il y a peu d'ouvriers. Priez donc le maître de la moisson d'envoyer des ouvriers dans sa moisson » (Matthieu 9.36–38).
- Jésus dit « Ne dites-vous pas qu'il y a encore quatre mois jusqu'à la moisson? Voici, je vous le dis, levez les yeux, et regardez les champs qui déjà blanchissent pour la moisson » (Jean 4.35).

B. La passion pour l'évangélisation est un commandement de Jésus :
- « Puis il leur dit : Allez par tout le monde, et prêchez la bonne nouvelle à toute la création » (Marc 16.15).

- « Et il leur dit : Ainsi il est écrit que le Christ souffrirait, et qu'il ressusciterait des morts le troisième jour, et que la repentance et le pardon des péchés seraient prêchés en son nom à toutes les nations, à commencer par Jérusalem » (Luc 24.46-47).

C. La passion pour l'évangélisation a été initiée par Jésus :
- « Cette bonne nouvelle du royaume sera prêchée dans le monde entier, pour servir de témoignage à toutes les nations. Alors viendra la fin » (Matthieu 24.14).
- « Le voleur ne vient que pour dérober, égorger et détruire ; moi, je suis venu afin que les brebis aient la vie, et qu'elles l'aient en abondance » (Jean 10.10).

D. La passion pour l'évangélisation est rendue possible par l'Esprit Saint :
- Il nous donne la capacité individuelle et collective de vivre la sainteté et d'en rendre témoignage.
- « Mais vous recevrez une puissance, le Saint-Esprit survenant sur vous, et vous serez mes témoins à Jérusalem, dans toute la Judée, dans la Samarie, et jusqu'aux extrémités de la terre » (Actes 1.8).

E. La passion pour l'évangélisation est produite par l'Esprit Saint :
- Sa vie en nous est évidente et productive.
- « Mais le fruit de l'Esprit, c'est l'amour, la joie, la paix, la patience, la bonté, la bienveillance, la foi, la douceur, la maîtrise de soi ; la loi n'est pas contre ces choses. Ceux qui sont à Jésus-Christ ont crucifié la chair avec ses passions et ses désirs. Si nous vivons par l'Esprit, marchons aussi selon l'Esprit » (Galates 5.22-25).

F. La passion pour l'évangélisation amène une vie et une énergie nouvelles aux personnes ainsi qu'à l'église.
- Si quelqu'un est en Christ, il est une nouvelle création. Les choses anciennes sont passées ; voici, toutes choses sont devenues nouvelles ! (2 Corinthiens 5.17).
- Et le Seigneur ajoutait chaque jour à l'Église ceux qui étaient sauvés. (Actes 2.47).

G. La passion pour l'évangélisation est une marque d'obéissance à Jésus :
- La vie de Paul est l'une des preuves les plus indéniables de la puissance de transformation de l'Évangile.
- Lors de l'un de ses témoignages, l'apôtre a affirmé : « Je me dois aux Grecs et aux barbares, aux savants et aux ignorants. Ainsi j'ai un vif désir de vous annoncer aussi l'Evangile ... Car je n'ai point honte de l'Evangile : c'est la puissance de Dieu pour le salut de quiconque croit » (Romains 1.14-16).

H. Notre passion pour le Christ est notre point d'entrée dans le mandat missionnaire (Matthieu 28.19-20), notre formation et notre préparation viennent après :
- En conséquence, tous doivent connaître Jésus-Christ.
- Ainsi, tous doivent répondre avec passion et être déterminés à partager le Christ, même ceux qui sont moins doués pour les techniques et les méthodes.

I. La passion pour l'évangélisation nous invite à nous appuyer sur la puissance de la Parole de Dieu qui nous pousse à partager la Bonne Nouvelle du salut avec autrui :
- Par la foi, nous étudions la Bible. Ensuite, nous enseignons à autrui ce que dit la Parole de Dieu.
- La puissance du message de l'Évangile touche le cœur des hommes et des femmes, des garçons et des filles qui ont besoin d'une relation restaurée avec Dieu.

- Jésus nous donne l'exemple. « Car le Fils de l'homme est venu chercher et sauver ce qui était perdu » (Luc 19.10). « ... Comme Jésus enseignait le peuple dans le temple et qu'il annonçait la bonne nouvelle » (Luc 20.1).

J. La passion pour l'évangélisation nous pousse à connaître le Christ de manière plus complète :
- Cette passion exprime notre identité et notre manière de vivre. Notre passion pour la vie est aussi grande que notre passion pour l'évangélisation. En choisissant de vivre, nous choisissons d'évangéliser.
- Cette passion confirme ce que nous savons. Tout comme l'homme aveugle guéri par Jésus l'a dit en toute simplicité : « ... je sais une chose, c'est que j'étais aveugle et que maintenant je vois ! » (Jean 9.25)
- Cette passion montre combien nous devrions être reconnaissants pour ce privilège. « Vous avez reçu gratuitement, donnez gratuitement » (Matthieu 10.8).

K. La passion pour l'évangélisation nous motive pour faire des disciples :
- Tout le long de notre vie, nous cherchons à influencer les personnes que nous connaissons et que nous ne connaissons pas en partageant notre parcours dans la foi.
- Chaque disciple du Christ doit être si passionné par sa relation avec Dieu que le partage de notre témoignage personnel se fait naturellement dans nos conversations avec autrui.

L. La passion pour l'évangélisation inspire notre créativité :
- Avec des outils. Nous pouvons citer quelques exemples : le film JÉSUS, la balle Évangéballe, le cube Évangécube.
- Avec des méthodes. Il existe de nombreuses méthodes et un seul message.
- Avec des stratégies. L'évangélisation des masses, l'évangélisation par les relations amicales et personnelles, les groupes restreints, l'évangélisation urbaine et beaucoup d'autres encore.

4. Le discipulat intentionnel

A. Jésus appelle l'église à faire des disciples de façon intentionnelle.
- « Allez, faites de toutes les nations des disciples, les baptisant au nom du Père, du Fils et du Saint-Esprit et enseignez-leur à observer tout ce que je vous ai prescrit. Et voici, je suis avec vous tous les jours, jusqu'à la fin du monde » (Matthieu 28.19-20).
- L'église a une méthode intentionnelle pour faire des disciples à l'image du Christ.
- Les disciples à l'image du Christ sont des personnes qui demeurent en Christ, qui grandissent à l'image du Christ et qui agissent comme il agit. Ils renoncent à eux-mêmes, aiment Dieu et lui obéissent avec tout leur cœur, toute leur âme, toute leur pensée et toute leur force (Marc 12.30 ; Jean 15 ; Luc 9).
- Le discipulat intentionnel aide les personnes à développer une relation d'obéissance et d'intimité avec Jésus. Dans ces relations, l'Esprit du Christ transforme leur caractère à son image, changeant les valeurs des nouveaux croyants à l'image des valeurs du royaume et en les faisant participer à sa mission pour s'investir dans la vie d'autrui dans leurs maisons, dans leurs églises et dans le monde.

B. Nous commençons en guidant les personnes vers une relation personnelle avec Jésus-Christ.
- Le voyage de la foi débute avec la confession des péchés et le pardon par grâce par le moyen de la foi en Jésus-Christ.
- Ces nouvelles créatures en Christ sont régénérées et adoptées dans la famille de Dieu.

- La régénération change les cœurs et change les manières de vivre, permettant de rendre témoignage de la grâce de Dieu auprès de leur entourage.
- Nous nourrissons immédiatement ces nouveaux croyants dans la communauté de foi en leur enseignant dès le début qu'ils n'ont pas été sauvés uniquement pour eux-mêmes mais aussi pour ceux qu'ils influenceront et mèneront au Christ. Ils deviendront des personnes qui font des disciples qui eux-mêmes feront d'autres disciples qui à leur tour feront d'autres disciples.
- Faire un disciple, cela implique le fait d'aider une autre personne à suivre Jésus de manière plus proche.

C. Nous faisons des disciples à l'image du Christ de manière intentionnelle grâce à un ministère de prédication solide.

- Nos pasteurs prêchent de manière instructive sur les moyens de grandir dans notre foi en Christ.
- Nos pasteurs prêchent des sermons qui sont fondés sur la Bible et qui nourrissent les personnes pour les aider à grandir et à approfondir leur soif de la Parole de Dieu.
- Nos pasteurs font de la Parole de Dieu le fondement de tous les efforts de formation des disciples.
- Nos pasteurs enseignent aux fidèles comment étudier la Bible et comment réfléchir au sens de la Parole et comment celle-ci s'applique dans leurs vies.
- Nos pasteurs recherchent une prédication dont les sources bibliques sont équilibrées tout le long de l'année.
- Nos pasteurs s'appuient sur le Saint-Esprit de Dieu pour donner vie à toutes leurs actions pour que l'ensemble permette de former des disciples équilibrés à l'image du Christ.
- Jésus prêchait aux foules et enseignait ses disciples de manière attentive en petits groupes.
- Jésus n'enseignait jamais sans raconter des paraboles (des histoires) pour aider les personnes à apprendre (Marc 4.34).

> **LA FORMATION DES DISCIPLES AIDE LES PERSONNES À DÉVELOPPER UNE RELATION D'OBÉISSANCE ET D'INTIMITÉ AVEC JÉSUS.**

D. Nous soutenons les classes d'école du dimanche qui nourrissent et forment des disciples à l'image du Christ.

- Les leçons de nos enseignants de l'école du dimanche ont pour but de faire des disciples à l'image du Christ à la fois par l'exposition des Écritures et par leur application concrète.
- Nos enseignants de l'école du dimanche s'intéressent personnellement aux jeunes croyants pour répondre à leurs questions sur la foi chrétienne et les encourager à grandir dans la grâce de Dieu.
- Notre système d'instruction par l'école du dimanche propose des programmes du berceau jusqu'à un âge avancé ; il donne un cadre et une suite de supports qui permettent d'étudier l'ensemble de la Bible d'une façon organisée. « Instruis l'enfant selon la voie qu'il doit suivre ; et quand il sera vieux, il ne s'en détournera pas » (Proverbes 22.6).

E. Nous développons des études bibliques en petits groupes qui encouragent la responsabilité mutuelle.

- Les études bibliques en petits groupes permettent d'être responsables les uns des autres de manière collective et individuelle pour les nouveaux croyants comme pour ceux qui ont déjà un long parcours de foi.

- En petits groupes, des relations saines sont développées pour aller au-delà des rencontres régulières et tisser des liens d'amitié de manière naturelle.
- Ces groupes d'études permettent à la fois l'étude de la Bible et une interaction sociale qui sont essentielles pour grandir dans la grâce.
- Les petits groupes de formation des disciples deviennent des structures de soutien pour vivre ensemble au-delà des rencontres du dimanche.

F. Nous encourageons la croissance spirituelle des disciples à l'image du Christ grâce à un calendrier d'église bien conçu.
- Des programmes de concours bibliques.
- Des ministères de scoutisme pour enfants.
- Des écoles bibliques de vacances.
- Des programmes d'évangélisation à Noël et à Pâques.
- Des actions de ministères de compassion.
- Un ministère de formation des disciples.
- Des ministères pour les hommes, les femmes, les personnes âgées, les célibataires, les personnes handicapées, les équipes sportives et une diversité d'autres groupes par affinités sont soutenus pour aider les personnes à faire le lien entre le Christ et son église.

G. Nous recommandons aux croyants d'utiliser tous les moyens disponibles pour faire grandir et développer leur foi personnelle.
- En lisant la Bible avec des aides destinées à son étude ; en écoutant la Bible en format audio.
- En priant chaque jour.
- En écoutant de la musique chrétienne.
- En lisant des livres chrétiens.
- En trouvant un partenaire qui s'engage à prier chaque jour pour que vous viviez à l'image du Christ.
- En trouvant un partenaire qui vous aime assez pour vous poser des questions difficiles.
- En prenant l'habitude de dire régulièrement aux personnes de votre entourage ce que Dieu est en train de faire dans votre vie.

H. Nous encourageons les croyants à apprendre à rechercher quotidiennement la présence de Dieu.
- Nous pouvons dire que la vie chrétienne est une relation personnelle de proximité avec notre Seigneur et sauveur, Jésus-Christ.
- La meilleure manière pour les disciples intentionnels de grandir à l'image du Christ est de passer du temps avec lui.
- Pour cette raison, nous écoutons la voix du Christ chaque jour ; nous nous nourrissons chaque jour de sa Parole ; nous savourons sa présence chaque jour.
- Les disciples à l'image du Christ le recherchent de manière intentionnelle et le partagent volontiers avec les personnes avec lesquelles ils sont en lien.

I. Nous encourageons les disciples à faire des disciples de manière intentionnelle
- Le Seigneur nous a donné un mandat et nous a autorisé à faire des disciples (Matthieu 28.19-20).
- Dans une attitude de prière, nous invitons un Chrétien mature à nous former de manière intentionnelle en tant que disciple ou à devenir notre mentor.
- Dans une attitude de prière, nous invitons un petit groupe de croyants à faire partie de notre groupe de formation des disciples.

- Nous investissons nos vies dans ces disciples en recherchant ensemble le Seigneur.
- Les méthodes d'enseignement de la Bible centrées sur le partage d'histoires en petits groupes donnent une fondation biblique solide pour permettre aux disciples d'apprendre à connaître la Bible et à transmettre son message dans leur sphère d'influence.
- Par la prière, la Parole de Dieu, le fait de s'entraider de manière intentionnelle à grandir à l'image de Jésus, la formation des disciples devient dynamique dans l'église.

5. Le développement de l'église

A. L'église chrétienne a commencé avec Jésus-Christ qui a fondé la première communauté de croyants.

- La communauté des croyants se rassemblait régulièrement pour adorer Dieu.
- Ensuite, elle commença à grandir et à se multiplier avec l'émergence de nouvelles églises grâce au premier voyage missionnaire de Paul et Barnabas (Actes 13-14).

B. Paul débuta un deuxième voyage missionnaire et projetait d'implanter des églises mais l'Esprit Saint l'envoya dans une autre direction (Actes 16).

- Nous devons toujours rester ouverts à la nouvelle vision de Dieu pour son œuvre et être conduits par son Esprit Saint.
- Paul reçut une vision. Celle-ci ne venait pas de son entourage ou d'un sondage fait dans la région. Cette vision venait du cœur de Dieu. Notre vision d'implantation de nouvelles églises doit également venir du cœur de Dieu.
- Paul reçut la vision d'un homme. Ce n'était pas la vision d'un projet, d'une stratégie, d'un slogan, d'un organigramme ou d'un programme. La vision de Paul était centrée sur l'humanité égarée. Notre vision pour l'implantation de nouvelles églises doit rester clairement centrée sur les personnes égarées qui ont besoin d'établir une relation avec Jésus-Christ.
- Paul reçut la vision d'une personne de Macédoine. Cette personne provenait d'un lieu, d'une culture, d'une langue et d'une histoire spécifiques. Dieu nous donnera aussi une vision d'un groupe ou d'une communauté spécifique de personnes. Nous devons découvrir la vision que Dieu a pour nous et obéir à cette vision.

> PAR LA PRIÈRE, LA PAROLE DE DIEU, LE FAIT DE S'ENTRAIDER DE MANIÈRE INTENTIONNELLE À GRANDIR À L'IMAGE DE JÉSUS, LA FORMATION DES DISCIPLES DEVIENT DYNAMIQUE DANS L'ÉGLISE

- Paul reçut la vision d'une personne originaire de Macédoine se tenant debout. Cette personne n'était pas inférieure à Paul. Nous nous regardons les uns les autres sur un pied d'égalité. Cette personne, dont je m'approche avec l'Évangile, est digne de notre respect.
- Paul reçut la vision d'une personne de Macédoine se tenant debout et l'appelant « Viens et secours-nous ! » Voilà la vision qui nous motive. Nous devons aller dans notre ville, dans notre quartier, dans notre tribu et notre famille. Nous devons porter le Christ au monde.

C. La vision de Dieu signifiait sa conduite constante pendant qu'il révélait à Paul son plan pour le développement de l'église.

- L'homme de Macédoine s'avéra être une femme. Lydie de Philippes fut la personne la plus réceptive au potentiel de ce ministère.

- C'est parmi un groupe de femmes qui priaient près de la rivière que Paul trouva les personnes les plus réceptives.
- Au lieu d'utiliser une synagogue juive comme lors des précédentes implantations d'églises, Paul débuta son œuvre dans une maison.
- Lydie, une marchande de précieuses étoffes de pourpre, dirigeait cette église de maison.
- Les stratégies de développement de l'église ne font pas toujours appel aux modèles qui étaient efficaces par le passé.

D. L'implantation d'églises demande de grands sacrifices.
- Les efforts de Paul et de Silas pour le ministère les amenèrent jusqu'en prison. Ils choisirent volontairement de faire ce sacrifice. Ils chantaient des chants de louange à Dieu tout en souffrant en son nom (Actes 16.25).
- Aujourd'hui, les leaders de l'église et les disciples de Jésus paient le même prix pour implanter de nouvelles églises. Cela demande de nombreuses heures de prière, des larmes, un dur labeur, des efforts, de l'argent et parfois du sang versé pour établir de nouvelles églises.
- Malgré les difficultés personnelles de Paul et Silas, une nouvelle église de maison fut formée grâce à cet événement. Le geôlier de la prison de Philippes en fut le nouveau pasteur.

E. Nous devons vivre dans la présence de Dieu afin d'être conscients de son Esprit Saint qui demeure en nous malgré nos circonstances.
- Paul et Silas n'ont pas considéré que les coups reçus et leur nuit en prison étaient une perte personnelle. Au lieu de cela, ils ressentaient l'Esprit de Dieu qui leur donnait la victoire en dépit des circonstances négatives.
- Paul et Silas savaient que l'Esprit de Dieu les conduisait ; ils savaient qu'il prendrait personnellement soin d'eux.
- Le tremblement de terre qui frappa la prison de Philippes nous rappelle que Dieu est toujours actif dans de telles situations (Actes 16.25-26). Il ne nous oublie pas lorsque nos efforts sont difficiles dans le ministère.
- Lorsque nous obéissons au Seigneur et que nous accomplissons sa volonté, au moment choisi par Dieu, le Seigneur interviendra par sa puissance majestueuse. Bien que le mal s'oppose à l'avancement du royaume de Dieu, Dieu a le dernier mot.
- Nous ne construisons pas et nous ne contribuons pas à l'avancement du royaume de Dieu par nous-mêmes ; Dieu construit son royaume.

F. Au fil de l'histoire de l'église, les stratégies de développement de l'église ont changé.
- L'église chrétienne n'édifia aucun bâtiment d'église durant les 400 premières années de son histoire.
- Les concepts de bâtiments d'église dédiés, de propriétés et de pasteurs à temps plein émergèrent plus tardivement.
- Dans l'Église du Nazaréen, notre définition d'une église est : Tout groupe qui se réunit régulièrement pour être nourri spirituellement, pour l'adoration ou l'instruction à un moment et un lieu annoncés avec un leader identifié et en accord avec le message et la mission de l'Église du Nazaréen peut être reconnu en tant qu'église et figurer dans les rapports en tant que telle dans les statistiques d'un district de l'église ou de l'église générale (conseil des surintendants généraux). En d'autres termes, une église est un groupe de croyants, pas un bâtiment ou une propriété.
- Le Saint-Esprit conduit actuellement l'église pour qu'elle se reproduise selon de nouveaux schémas.

- Chaque église est encouragée à implanter une église fille.
- Ces églises filles se réunissent dans des maisons ou dans d'autres lieux disponibles.
- Chaque pasteur devient mentor d'un pasteur qui suit une formation au ministère parallèlement à sa vie professionnelle.
- Ce modèle fonctionne sans besoin de financement pour fonder une église fille ; des personnes laïques peuvent répondre à l'appel de Dieu pour aider au lancement de la nouvelle église.
- Ce modèle permet à Dieu de faire grandir son église dans de nouveaux lieux à travers le monde ; il a seulement besoin de cœurs réceptifs pour recevoir la vision, répondre à l'appel et permettre à Dieu de les conduire.

G. Le but du développement de l'église est d'atteindre de nouvelles personnes pour Jésus-Christ.

- Jésus a dit « Il faut aussi que j'annonce aux autres villes la bonne nouvelle du royaume de Dieu ; car c'est pour cela que j'ai été envoyé. » (Luc 4.43).
- Nous sommes ambassadeurs du royaume de Dieu et nous consacrons nos vies au développement de l'église.
- Nos efforts ne visent pas à soutenir une organisation.
- Nous voulons que le plus grand nombre possible parvienne au salut par la connaissance de Jésus-Christ.
- Nous voulons ensuite former ces nouveaux croyants en tant que disciples qui seront à l'image du Christ.
- Jésus a dit « Voici, je vous le dis, levez les yeux, et regardez les champs qui déjà blanchissent pour la moisson » (Jean 4.35).

6. Le leadership transformationnel

A. Nous cherchons à développer des leaders qui sont à l'image du Christ. Jésus étant notre exemple, un leader transformationnel est celui qui favorise la transformation et qui est à l'image du Christ.

B. Le leader transformationnel est soumis et humble.

JÉSUS EST NOTRE MODÈLE.

- Il suit Jésus-Christ qui se soumettait à la volonté du Père (Philippiens 2.5-8).
- Il dépend totalement de Dieu pour répondre à ses prières et pourvoir à tous ses besoins (Jean 15.7).
- Il se soumet à l'autorité d'autrui et pense moins à lui-même (Éphésiens 5.21).

C. Le leader transformationnel est un serviteur.

- Il suit l'exemple de Jésus-Christ qui n'est pas venu pour être servi mais pour servir (Marc 10.45 ; Matthieu 20.28).
- Il conduit avec cet esprit et cette attitude de service (Philippiens 2).

D. Le leader transformationnel est visionnaire.

- « Quand il n'y a pas de révélation, le peuple est sans frein » (Proverbes 29.18).
- « L'Éternel m'adressa la parole, et il dit : Écris la prophétie : Grave-la sur des tables afin qu'on la lise couramment » (Habakuk 2.2).
- Jésus a décrit une vision du royaume de Dieu ; nous devons faire de même en faisant en sorte que tous puissent comprendre clairement ce qui est exprimé.
- Cette caractéristique est un facteur distinctif entre les suiveurs et les leaders. Le leader visionnaire recherche la vision de Dieu pour l'église et pour son contexte et il exprime la vision à autrui.

E. Le leader transformationnel a une pensée stratégique.
- Il est capable de traduire la vision applicable au contexte en instruments pour le royaume de Dieu.
- Il comprend les circonstances de notre temps et trouve des réponses bibliques tout comme le faisaient les fils d'Issacar (1 Chroniques 12.32).
- Il voit les âmes qui doivent être gagnées pour le royaume de Dieu.
- Il exprime la vision sous formes d'étapes d'actions concrètes qui mobilisent les croyants dans les champs de la moisson.
- Il est capable de traduire la vision et la mission dans des plans simples mais efficaces pour le royaume (Luc 14.28-30)

F. Le leader transformationnel forme des équipes.
- Jésus est notre modèle. Il forma une équipe et lui donna les moyens d'agir au lieu d'accomplir tout le ministère par lui-même (Matthieu 10).
- Les disciples de Jésus étaient des personnes ordinaires mais ils bouleversèrent le monde (Actes 17.6).
- Le leader transformationnel forme des équipes qui permettent à toutes les personnes de l'église de participer au travail du royaume de Dieu.

G. Le leader transformationnel s'affirme avec compassion.
- Lorsque Jésus envoya ses disciples pour évangéliser, il leur demanda d'être « prudents comme les serpents et simples comme les colombes » (Matthieu 10.16).
- Le leader transformationnel doit savoir trouver l'équilibre entre la grâce et la loi, la justice et la miséricorde, et ce toujours dans la sainteté.
- Il doit prendre des décisions sages et honorer de manière juste ses décisions.
- Cependant, ses décisions doivent être tempérées par la compassion.
- Il doit exprimer la vérité dans l'amour (Éphésiens 4.15).

H. Le leader transformationnel communique avec clarté.
- Durant son ministère sur la terre, Jésus disait souvent « que celui qui a des oreilles pour entendre entende » (Matthieu 13.43). Jésus voulait que ses disciples écoutent avec attention et persévérance.
- Le leader transformationnel doit essayer de parler avec la même clarté et la même précision que Jésus-Christ.
- Le leader transformationnel comprend l'importance qu'il y a à communiquer clairement, de façon cohérente et engageante : « Et si la trompette rend un son confus, qui se préparera au combat ? » (1 Corinthiens 14.8)

I. Le leader transformationnel donne la possibilité à d'autres personnes de faire émerger la génération suivante pour conduire le royaume.
- Le style de leadership de Josué ne permet pas de faire émerger la génération suivante de leaders ; il guida uniquement sa propre génération (Juges 2.10).
- Le leader transformationnel ne construit pas un empire pour sa propre période aux responsabilités ; il forme la génération présente et les générations futures.
- Il identifie, forme et développe des personnes modèles qui équipent, donnent des moyens et envoient des leaders pour le bien du royaume de Dieu.

- Aucun leadership n'atteint véritablement son but sans succession du leadership. « Et ce que tu as entendu de moi en présence de beaucoup de témoins, confie-le à des hommes fidèles, qui soient capables de l'enseigner aussi à d'autres » (2 Timothée 2.2).

7. Une compassion engagée

A. Une compassion engagée reflète le cœur plein d'amour de Dieu.
   - L'envoi du Fils dans le monde et la mort de Jésus pour l'humanité sont les dons ultimes d'amour et de compassion de la part de Dieu.
   - Jean 3.16-17 nous dit que Dieu nous a donné son Fils du fait de l'abondance de son amour afin que nous puissions avoir la vie éternelle. De la même manière, 1 Jean 3.16-17 nous dit que l'amour de Dieu pour l'humanité est exprimé par les actes authentiques de compassion des croyants envers la création de Dieu.
   - La vie, le ministère, la mort et la résurrection de Jésus nous montrent une personne mue par l'amour au service d'autrui et au service du monde (Matthieu 9.36).

B. Une compassion engagée agit toujours au nom de Jésus.
   - Jésus est notre modèle de compassion. Dans les Évangiles, Jésus était ému dans son être intérieur afin de « souffrir avec » l'humanité.
   - Jésus était particulièrement ému de compassion pour aimer et prendre soin des personnes pauvres, égarées, malades, marginales et vulnérables.
   - À la fois pleinement Dieu et pleinement homme, Jésus est notre modèle pour savoir comment vivre et comment aimer.
   - Nous accomplissons chaque acte de service, de générosité ou de miséricorde au nom de Jésus et nous produisons nos efforts en vue de révéler l'amour de Jésus (Matthieu 10.42).

> **NOUS ACCOMPLISSONS CHAQUE ACTE DE SERVICE, DE GÉNÉROSITÉ OU DE MISÉRICORDE AU NOM DE JÉSUS ET POUR RÉVÉLER SON AMOUR.**

C. Une compassion engagée respecte la dignité de chaque personne.
   - Le peuple de Dieu offre l'espérance, l'amour et l'aide au nom de Jésus de telle manière que chacun est honoré comme personne formée à l'image de Dieu, en tant que création de Dieu.
   - La compassion n'a pas d'autre but que d'exprimer l'amour de Dieu en Jésus-Christ.

D. Une compassion engagée émane naturellement des croyants transformés.
   - L'église est appelée à incarner l'amour et la compassion de Dieu dans le monde.
   - Une œuvre de compassion n'est jamais accomplie par les seuls efforts humains ou uniquement par l'action sociale.
   - L'appel du corps du Christ à la compassion concerne tous les domaines de la vie de manière globale à l'image de la vie de Jésus et selon la conduite de l'Esprit Saint.
   - L'Esprit Saint transforme le cœur des croyants qui, à leur tour, œuvrent pour contribuer à la transformation physique, sociale et spirituelle de notre monde.
   - La compassion devrait être un élément constitutif et actif de la vie et du ministère de chaque église locale.

E. La compassion engagée est notre définition wesleyenne de la mission holistique.

- Nous sommes envoyés par Dieu le Père et rendus capables par l'Esprit Saint d'aller dans le monde pour aimer et servir le Seigneur.
- Nous croyons que le Père est déjà à l'œuvre dans la vie de chaque personne par la puissance de l'Esprit et nous sommes appelés à nous joindre à lui dans cette bonne œuvre.
- L'évangélisation véritable implique un appel et un engagement à nous approcher des personnes qui nous entourent et à nous impliquer dans leurs vies.
- Au nom de Jésus, nous nous approchons de ceux qui souffrent et qui sont brisés et nous cherchons à apporter la guérison, l'espérance, la paix et l'amour aux personnes qui se trouvent dans le besoin, marginalisées et vulnérables.
- Nous sommes poussés les uns vers les autres dans des liens d'amitié et une vie collective marquée par l'amour, ce qui induit des conséquences sociales. C'est également de cette manière que Dieu édifie et fait grandir le corps du Christ.

F. La compassion engagée découle de nos vies pour exprimer notre attachement à la mission de Dieu qui consiste à racheter un monde brisé.

- Nous cherchons à voir et à entendre les personnes brisées et en souffrance et à leur répondre tout comme Dieu leur répond.
- Nous cherchons à investir toutes les ressources à notre disposition pour soulager la souffrance humaine et nous cherchons à discerner les projets de restauration, de plénitude, de salut et de paix de Dieu dans et pour le monde.
- Nous essayons aussi de corriger les systèmes sociétaux cycliques produisant des structures injustes qui contribuent à l'oppression du peuple et aux maux systémiques de notre monde et nous faisons ces tentatives au nom de Jésus.
- Dans tous nos actes, nous cherchons à contribuer à l'accomplissement de la mission du Seigneur et à donner gloire à Dieu (Michée 6.8).

NOTRE THÉOLOGIE WESLEYENNE

Le miracle de la grâce qui transforme

En Jésus, Dieu s'est incarné et a agi de façon décisive pour réconcilier le monde avec lui-même (Jean 3.15-16 ; Romains 1.1-16). Alors que nous étions encore pécheurs, Dieu a offert son propre Fils comme « victime propitiatoire » pour le péché (Romains 3.25). Le Seigneur de toute la création a pris sur lui-même le péché du monde et pourvu au salut de tous !

En Jésus-Christ, la justice de Dieu et son salut ont été manifestés (Romains 3.21). Sans cette action, toute l'humanité serait éloignée de Dieu et sans espoir (Éphésiens 1.5–2.10). Toutes les puissances qui pouvaient nous séparer de Dieu ont été vaincues (Colossiens 2.15). Désormais, nous sommes affranchis (Romains 8.2) « par la foi en Jésus-Christ » (Romains 3.22) !

Le Nouveau testament forme un hymne constant de louange à Dieu qui répand ses richesses sur nous (Éphésiens 1.6-10). En Christ habite corporellement toute la plénitude Dieu et ceux qui le reçoivent ont tout pleinement en lui (Colossiens 2.8-15). Après avoir considéré les bienfaits de la grâce de Dieu, Paul s'exclame : « O profondeur de la richesse, de la sagesse et de la science de Dieu ! » (Romains 11.33). Citons certains aspects de cette richesse : le pardon du péché, l'Esprit qui demeure en nous, la formation à l'image du Christ, la vie éternelle, la paix avec Dieu, la sanctification, la communion de l'Église et l'espérance du retour du Seigneur.

Lorsque Jésus parlait, nombreux étaient ceux qui entendaient vraiment une « bonne nouvelle », à savoir que Dieu offre librement la réconciliation avec les pécheurs. Même un collecteur d'impôt haï par autrui ou une femme prise en flagrant délit d'adultère peuvent se repentir, être pardonnés et recevoir la vie éternelle lorsqu'ils reçoivent le message de l'amour de Dieu. Dieu se donne librement à ceux qui reconnaissent leur propre incapacité à accomplir quoi que ce soit qui puisse mériter sa faveur (Luc 15).

Bien avant que nous n'en soyons conscients, l'Esprit Saint est à l'œuvre, cherchant à nous attirer vers le salut. Le psalmiste dit qu'il n'existe aucun lieu où la voix de Dieu n'est pas entendue (Psaume 19.3). Paul nous dit qu'à chaque instant, toute la création dépend du Christ pour son existence même (Colossiens 1.15-17). Jean déclare que le Christ éclaire tout être humain (Jean 1.9).

À l'image de la créativité et de la fidélité de Dieu, l'Esprit Saint œuvre à la fois en chaque personne et à travers les histoires sociétales afin d'ouvrir des chemins pour l'Évangile. Il précède la proclamation explicite de l'Évangile et prépare les personnes à entendre, et espérons-le, à recevoir la Bonne Nouvelle.

Rétrospectivement, tous les chrétiens peuvent identifier une séquence par laquelle l'Esprit les a amenés à la rédemption chrétienne. Nous appelons « grâce prévenante », ou encore la grâce qui précède, cette dimension préparatoire de la grâce de Dieu.

Dieu est pour nous. Tout ce que Dieu a accompli à travers son Fils, il nous l'offre par l'Esprit Saint. En effet, toute la création est au bénéfice du salut que le Père a accompli en son Fils (Romains 8.19-25).

Nous appelons justification l'acte de grâce par lequel Dieu pardonne véritablement et réconcilie les pécheurs avec lui-même. La justification, c'est-à-dire le fait de recevoir de nouveau la faveur de Dieu, est accomplie par grâce par le moyen de la foi uniquement.

La justification n'est que l'une des dimensions de l'œuvre salvatrice de Dieu. L'Esprit de Dieu habite véritablement le pécheur repentant pour établir en lui la vie de Dieu et c'est là une deuxième dimension. La personne est alors née de nouveau, régénérée par l'Esprit de Dieu. Le Nouveau testament affirme que ce nouvel état de vie spirituelle est une nouvelle création, une nouvelle naissance, une naissance d'en haut, la vie éternelle, l'entrée dans le royaume de Dieu, marcher en nouveauté de vie et la vie selon l'Esprit.

Quels que soient les mots choisis, par le miracle de la grâce divine, l'Esprit Saint établit véritablement sa présence dans le chrétien et réalise une transformation. Là où régnait la mort, il y a désormais la vie ; la paix avec Dieu remplace les guerres du passé ; l'espérance prend la place qu'occupait auparavant le désespoir. Le Nouveau testament annonce : « Si quelqu'un est en Christ, il est une nouvelle création. Les choses anciennes sont passées ; voici, toutes choses sont devenues nouvelles. Et tout cela vient de Dieu » (2 Corinthiens 5.17-18a).

Le Nouveau testament décrit les chrétiens comme étant « en Christ » et le Christ comme présent en eux. D'un côté, les chrétiens sont désormais réconciliés avec Dieu car, par la foi, ils sont « en Christ » (Romains 8.1), lui qui réconcilie les pécheurs repentants avec le Père.

Mais le Nouveau testament évoque également le Christ en nous en tant qu'« espérance de la gloire » (Colossiens 1.27). Par l'Esprit Saint, le Christ ressuscité transmet à son peuple sa vie, sa personne même. Il demeure en eux et cultive en eux le fruit de l'Esprit (Galates 5.22-23).

Beaucoup posent cependant la question, « En étant réaliste, à quel type de vie spirituelle devrais-je m'attendre en tant que chrétien? L'attirance vers mes anciennes habitudes de péché ne risque-t-elle pas de définir la trajectoire de ma vie? Ou l'Esprit de Dieu qui est désormais en moi m'offre-t-il une vie meilleure? » Le Nouveau testament nous donne cette réponse : « Celui qui est en vous est plus grand que celui qui est dans le monde » (1 Jean 4.4).

La même puissance qui a ressuscité Jésus-Christ d'entre les morts, le rendant vainqueur sur la mort, l'enfer, le péché et le tombeau, est désormais à l'œuvre en nous par l'Esprit Saint (Éphésiens 1.19) ! Auparavant, l'ancienne loi du péché et de la mort avait le dessus. Mais maintenant, « la loi de l'Esprit de vie en Jésus-Christ m'a affranchi de la loi du péché et de la mort » (Romains 8.2).

Pour tous les chrétiens, la norme joyeuse consiste à être rempli de l'Esprit Saint afin de vivre non selon la chair mais selon l'Esprit (Romains 8.1-8). Avez-vous personnellement fait l'expérience du miracle de la grâce de Dieu qui transforme?

« Le miracle de la grâce qui transforme », article tiré de *The Reflecting God Study Bible® 2000*. Droits d'auteurs de la Bible détenus par The Zondervan Corporation et de l'article par Beacon Hill Press de Kansas City. Utilisé avec la permission de l'éditeur. Tous droits réservés.

LES ARTICLES DE FOI

I. La Trinité

Nous croyons en un Dieu unique existant éternellement, infini, souverain créateur qui soutient l'univers ; lui seul est Dieu, saint dans sa nature, dans ses attributs et dans ses desseins. Ce Dieu qui est amour saint et lumière est trinité dans son être essentiel, révélé comme Père, Fils et Saint-Esprit.

<small>Genèse 1 ; Lévitique 19.2 ; Deutéronome 6.4-5 ; Ésaïe 5.16 ; 6.1-7 ; 40.18-31 ; Matthieu 3.16-17 ; 28.19-20 ; Jean 14.6-27 ; 1 Corinthiens 8.6 ; 2 Corinthiens 13.14 ; Galates 4.4-6 ; Éphésiens 2.13-18 ; 1 Jean 1.5 ; 4.8</small>

II. Jésus-Christ

Nous croyons en Jésus-Christ, la deuxième personne de la trinité divine, qui de toute éternité est un avec le Père ; qui s'est fait chair par l'opération du Saint-Esprit et qui est né de la Vierge Marie, de sorte que deux natures entières et parfaites, divine et humaine, sont alors unies dans une seule personne, vraiment Dieu et vraiment homme, le Dieu-homme.

Nous croyons que Jésus-Christ est mort pour nos péchés, qu'il est vraiment ressuscité d'entre les morts, a revêtu son corps et tout ce qui a trait à la perfection de la nature humaine, avec quoi il est monté au ciel d'où il intercède pour nous.

<small>Matthieu 1.20-25 ; 16.15-16 ; Luc 1.26-35 ; Jean 1.1-18 ; Actes 2.22-36 ; Romains 8.3, 32-34 ; Galates 4.4-5 ; Philippiens 2.5-11 ; Colossiens 1.12-22 ; 1 Timothée 6.14-16 ; Hébreux 1.1-5 ; 7.22-28 ; 9.24-28 ; 1 Jean 1.1-3 ; 4.2-3, 15</small>

III. Le Saint-Esprit

Nous croyons au Saint-Esprit, la troisième personne de la trinité divine, qui est toujours présent dans l'Église de Christ et qui agit efficacement avec elle. Il convainc le monde de péché, régénère ceux qui se repentent et croient, sanctifie les croyants, et les mène dans toute la vérité telle qu'elle est en Jésus.

<small>Jean 7.39 ; 14.15-18, 26 ; 16.7-15 ; Actes 2.33 ; 15.8-9 ; Romains 8.1-27 ; Galates 3.1-14 ; 4.6 ; Éphésiens 3.14-21 ; 1 Thessaloniciens 4.7-8 ; 2 Thessaloniciens 2.13 ; 1 Pierre 1.2 ; 1 Jean 3.24 ; 4.13</small>

IV. Les Saintes Écritures

Nous croyons à la pleine inspiration des Saintes Écritures, c'est-à-dire les soixante-six livres de l'Ancien et du Nouveau Testament donnés par inspiration divine, révélant infailliblement la volonté de Dieu à notre égard pour tout ce qui est nécessaire à notre salut, de telle sorte que ce qui n'y est pas contenu ne peut être prescrit comme article de foi.

<small>Luc 24.44-47 ; Jean 10.35 ; 1 Corinthiens 15.3-4 ; Timothée 3.15-17 ; 1 Pierre 1.10-12 ; 2 Pierre 1.20-21</small>

V. Le péché — originel et personnel

Nous croyons que le péché est entré dans le monde par la désobéissance de nos premiers parents et par le péché, la mort. Nous croyons que le péché est de deux sortes : le péché originel ou dépravation, et le péché commis ou personnel.

Nous croyons que le péché originel ou dépravation est cette corruption de la nature de toute la postérité d'Adam, en raison de laquelle toute l'humanité s'est éloignée de l'état de justice originelle ou de pureté de nos premiers parents dès leur création ; que cette corruption est ennemie de Dieu, sans vie spirituelle, encline au mal et cela continuellement. Nous croyons de plus que le péché originel subsiste dans la nouvelle vie de la personne régénérée jusqu'à ce que son cœur soit pleinement purifié par le baptême du Saint-Esprit.

Nous croyons que le péché originel se différencie du péché commis en ce qu'il constitue une tendance héréditaire à commettre le péché. Aucune personne n'est tenue pour responsable du péché originel, sauf si elle ne tient pas compte du remède divin ou le rejette.

Nous croyons que le péché commis ou personnel est une violation volontaire d'une loi de Dieu connue par une personne moralement responsable. Il ne doit donc pas être confondu avec les effets involontaires et inévitables tels que les manquements, les infirmités, les défauts, les erreurs, les échecs ou d'autres déviations d'une norme de conduite parfaite qui sont tous des effets résiduels de la Chute. Cependant, ces effets n'incluent pas les attitudes ou réponses contraires à l'esprit de Christ qui sont, à proprement parler, les péchés de l'esprit. Nous croyons que le péché personnel est tout d'abord et essentiellement une violation de la loi de l'amour ; et que par rapport à Christ ce péché peut être défini comme de l'incrédulité.

Péché originel : Genèse 3 ; 6.5 ; Job 15.14 ; Psaume 51.7 ; Jérémie 17.9-10 ; Marc 7.21-23 ; Romains 1.18-25 ; 5.12-14 ; 7.1 – 8.9 ; 1 Corinthiens 3.1-4 ; Galates 5.16-25 ; 1 Jean 1.7-8
Péché personnel : Matthieu 22.36-40 (avec 1 Jean 3.4) ; Jean 8.34-36 ; 16.8-9 ; Romains 3.23 ; 6.15-23 ; 8.18-24 ; 14.23 ; 1 Jean 1.9 – 2.4 ; 3.7-10

VI. L'expiation

Nous croyons que Jésus-Christ, par ses souffrances, par l'effusion de son propre sang et par sa mort sur la croix, a pleinement expié tout péché humain, que cette expiation est l'unique moyen de salut et qu'elle est suffisante pour chaque personne de la race adamique. L'expiation est gracieusement offerte pour le salut de la personne qui n'est pas moralement responsable et des enfants innocents, mais elle n'est efficace pour le salut de la personne qui atteint l'âge de la responsabilité que lorsque celle-ci se repent et croit.

Ésaïe 53.5-6, 11 ; Marc 10.45 ; Luc 24.46-48 ; Jean 1.29 ; 3.14-17 ; Actes 4.10-12 ; Romains 3.21-26 ; 4.17-25 ; 5.6-21 ; 1 Corinthiens 6.20 ; 2 Corinthiens 5.14-21 ; Galates 1.3-4 ; 3.13-14 ; Colossiens 1.19-23 ; 1 Timothée 2.3-6 ; Tite 2.11-14 ; Hébreux 2.9 ; 9.11-14 ; 13.12 ; 1 Pierre 1.18-21 ; 2.19-25 ; 1 Jean 2.1-2

VII. La grâce prévenante

Nous croyons que la création de la race humaine à l'image de Dieu impliquait la faculté de choisir entre le bien et le mal, et les êtres humains furent ainsi créés comme étant moralement responsables ; que par la chute d'Adam, ils sont devenus dépravés de sorte qu'ils ne peuvent se détourner et invoquer Dieu par leurs propres forces naturelles et leurs propres œuvres pour arriver à la foi. Mais nous croyons aussi que la grâce de Dieu en Jésus-Christ est librement accordée à tout être humain, permettant à tous ceux qui veulent abandonner le péché pour la justice, de croire en Jésus-Christ pour le pardon et la purification des péchés, et d'accomplir des œuvres bonnes et agréables à Dieu.

Nous croyons que toute personne, bien qu'elle ait fait l'expérience de la régénération et de l'entière sanctification, peut déchoir de la grâce et apostasier et, à moins qu'elle ne se repente de ses péchés, peut être perdue sans espoir et pour l'éternité.

Ressemblance avec Dieu et responsabilité morale : Genèse 1.26-27 ; 2.16-17 ; Deutéronome 28.1-2 ; 30.19 ; Josué 24.15 ; Psaume 8.3-5 ; Ésaïe 1.8-10 ; Jérémie 31.29-30 ; Ézéchiel 18.1-4 ; Michée 6.8 ; Romains 1.19-20 ; 2.1-16 ; 14.7-12 ; Galates 6.7-8

Incapacité naturelle : Job 14.4 ; 15.14 ; Psaume 14.1-4 ; 51.7 ; Jean 3.6a ; Romains 3.10-12 ; 5.12-14, 20a ; 7.14-25

Libre grâce et œuvres de foi : Ézéchiel 18.25-26 ; Jean 1.12-13 ; 3.6b ; Actes 5.31 ; Romains 5.6-8, 18 ; 6.15-16, 23 ; 10.6-8 ; 11.22 ; 1 Corinthiens 2.9-14 ; 10.1-12 ; 2 Corinthiens 5.18-19 ; Galates 5.6 ; Éphésiens 2.8-10 ; Philippiens 2.12-13 ; Colossiens 1.21-23 ; 2 Timothée 4.10a ; Tite 2.11-14 ; Hébreux 2.1-3 ; 3.12-15 ; 6.4-6 ; 10.26-31 ; Jacques 2.18-22 ; 2 Pierre 1.10-11 ; 2.20-22

VIII. La repentance

Nous croyons que la repentance est exigée de tous ceux qui, par pensée ou par action, sont devenus pécheurs contre Dieu. Elle est un changement d'esprit sincère et complet quant au péché, impliquant un sentiment de culpabilité personnelle et un abandon volontaire du péché. L'Esprit de Dieu accorde à tous ceux qui choisissent de se repentir l'aide gracieuse d'un cœur pénitent et l'espérance de la miséricorde, afin qu'en croyant ils puissent recevoir le pardon et la vie spirituelle.

2 Chroniques 7.14 ; Psaume 32.5-6 ; 51.1-19 ; Ésaïe 55.6-7 ; Jérémie 3.12-14 ; Ézéchiel 18.30-32 ; 33.14-16 ; Marc 1.14-15 ; Luc 3.1-14 ; 13.1-5 ; 18.9-14 ; Actes 2.38 ; 3.19 ; 5.31 ; 17.30-31 ; 26.16-18 ; Romains 2.4 ; 2 Corinthiens 7.8-11 ; 1 Thessaloniciens 1.9 ; 2 Pierre 3.9)

IX. La justification, la régénération et l'adoption

Nous croyons que la justification est l'acte juridique et miséricordieux de Dieu, par lequel il accorde plein pardon de toute culpabilité et rémission complète de la peine pour les péchés commis, ainsi que l'acceptation comme justes de tous ceux qui croient en Jésus-Christ et le reçoivent comme Seigneur et Sauveur.

Nous croyons que la régénération ou nouvelle naissance est cette œuvre miséricordieuse de Dieu par laquelle la nature morale du croyant repentant est stimulée spirituellement, lui accordant ainsi une vie spirituelle authentique, capable de foi, d'amour et d'obéissance.

Nous croyons que l'adoption est cet acte miséricordieux de Dieu par lequel le croyant justifié et régénéré est établi enfant de Dieu.

Nous croyons que la justification, la régénération, et l'adoption sont simultanées dans l'expérience de ceux qui cherchent Dieu, et sont acquises sous condition de la foi, précédée par la repentance ; et que le Saint-Esprit rend témoignage de cette œuvre et de cet état de grâce.

Luc 18.14 ; Jean 1.12-13 ; 3.3-8 ; 5.24 ; Actes 13.39 ; Romains 1.17 ; 3.21-26, 28 ; 4.5-9, 17-25 ; 5.1, 16-19 ; 6.4 ; 7.6 ; 8.1, 15-17 ; 1 Corinthiens 1.30 ; 6.11 ; 2 Corinthiens 5.17-21 ; Galates 2.16-21 ; 3.1-14, 26 ; 4.4-7 ; Éphésiens 1.6-7 ; 2.1, 4-5 ; Philippiens 3.3-9 ; Colossiens 2.13 ; Tite 3.4-7 ; 1 Pierre 1.23 ; 1 Jean 1.9 ; 3.1-2, 9 ; 4.7 ; 5.1, 9-13, 18

X. La sainteté chrétienne et l'entière sanctification

Nous croyons que la sanctification est l'œuvre de Dieu qui transforme les croyants à l'image de Christ. Elle s'opère par la grâce de Dieu par l'action du Saint-Esprit : d'abord par la sanctification initiale ou régénération (en même temps que la justification) ; ensuite par l'entière sanctification ; puis par l'œuvre continue de transformation du Saint-Esprit culminant à la glorification. Au moment de la glorification, nous sommes totalement conformes à son image.

Nous croyons que l'entière sanctification est l'acte de Dieu, suivant la régénération, par lequel les croyants sont libérés du péché originel ou dépravation et sont amenés à un état d'entière consécration à Dieu et à la sainte obéissance de l'amour rendu parfait.

Elle est accomplie par le baptême ou effusion du Saint-Esprit, et intègre dans une seule expérience la purification du cœur de tout péché ainsi que la présence constante et intime du Saint-Esprit, fortifiant le croyant pour la vie et le service.

L'entière sanctification est rendue possible par le sang de Jésus. Elle est réalisée instantanément par la grâce au moyen de la foi, précédée par l'entière consécration. Le Saint-Esprit rend témoignage de cette œuvre et de cet état de grâce.

Cette expérience est exprimée par différents termes qui illustrent ses diverses phases, tels que : perfection chrétienne, amour parfait, pureté du cœur, baptême ou effusion du Saint-Esprit, plénitude de la bénédiction, et sainteté chrétienne.

Nous croyons qu'il y a une nette distinction entre un cœur pur et un caractère mature. Le premier s'obtient instantanément, résultat de l'entière sanctification ; quant au second, il résulte de la croissance dans la grâce.

Nous croyons que le don de l'entière sanctification inclut l'impulsion divine de croître dans la grâce en tant que disciple à l'image de Christ. Cependant, cette impulsion doit être consciencieusement nourrie, et il faut donner une attention soigneuse aux conditions requises et aux processus de développement spirituel et d'amélioration du caractère et de la personnalité à l'image de Christ. Cela requiert un effort soutenu sans lequel le témoignage peut être affaibli, et la grâce contrariée et finalement perdue.

Les croyants grandissent en grâce et en amour sans réserve pour Dieu et le prochain en participant aux moyens de grâce, en particulier la communion fraternelle, les disciplines spirituelles, et les sacrements de l'Église.

> Jérémie 31.31-34 ; Ézéchiel 36.25-27 ; Malachie 3.2-3 ; Matthieu 3.11-12 ; Luc 3.16-17 ; Jean 7.37-39 ; 14.15-23 ; 17.6-20 ; Actes 1.5 ; 2.1-4 ; 15.8-9 ; Romains 6.11-13, 19 ; 8.1-4, 8-14 ; 12.1-2 ; 2 Corinthiens 6.14 – 7.1 ; Galates 2.20 ; 5.16-25 ; Éphésiens 3.14-21 ; 5.17-18, 25-27 ; Philippiens 3.10-15 ; Colossiens 3.1-17 ; 1 Thessaloniciens 5.23-24 ; Hébreux 4.9-11 ; 10.10-17 ; 12.1-2 ; 13.2 ; 1 Jean 1.7, 9
> Perfection chrétienne, amour parfait : Deutéronome 30.6 ; Matthieu 5.43-48 ; 22.37-40 ; Romains 12.9-21 ; 13.8-10 ; 1 Corinthiens 13 ; Philippiens 3.10-15 ; Hébreux 6.1 ; 1 Jean 4.17-18
> Pureté du cœur : Matthieu 5.8 ; Actes 15.8-9 ; 1 Pierre 1.22 ; 1 Jean 3.3
> Baptême ou effusion du Saint-Esprit : Jérémie 31.31-34 ; Ézéchiel 36.25-27 ; Malachie 3.2-3 ; Matthieu 3.11-12 ; Luc 3.16-17 ; Actes 1.5 ; 2.1-4 ; 15.8-9
> Plénitude de la bénédiction : Romains 15.29
> Sainteté chrétienne : Matthieu 5.1 – 7.29 ; Jean 15.1-11 ; Romains 12.1 – 15.3 ; 2 Corinthiens 7.1 ; Éphésiens 4.17 – 5.20 ; Philippiens 1.9-11 ; 3.12-15 ; Colossiens 2.20 – 3.17 ; 1 Thessaloniciens 3.13 ; 4.7-8 ; 5.23 ; 2 Timothée 2.19-22 ; Hébreux 10.19-25 ; 12.14 ; 13.20-21 ; 1 Pierre 1.15-16 ; 2 Pierre 1.1-11 ; 3.18 ; Jude 20-21

XI. L'Église

Nous croyons en l'Église, la communauté qui confesse Jésus-Christ comme Seigneur, le peuple de l'alliance de Dieu rendu nouveau en Christ et le corps de Christ rassemblé par le Saint-Esprit au moyen de la Parole.

Dieu appelle l'Église à exprimer sa vie dans l'unité et la communion de l'Esprit ; dans l'adoration par la prédication de la Parole, l'observance des sacrements et le ministère en son nom ; par l'obéissance à Christ, la vie de sainteté et la responsabilité mutuelle.

La mission de l'Église dans le monde est de participer au ministère de rédemption et de réconciliation de Christ dans la puissance de l'Esprit. L'Église accomplit sa mission en faisant des disciples par l'évangélisation, l'éducation, les actes de compassion, l'engagement pour la justice sociale, et le témoignage du Royaume de Dieu.

L'Église est une réalité historique qui s'organise selon les divers contextes culturels ; elle existe à la fois comme assemblée locale et en tant que corps universel ; elle met à part des personnes appelées par Dieu pour des ministères spécifiques. Dieu appelle l'Église à vivre sous son règne dans l'attente de la fin de toutes choses et du retour de notre Seigneur Jésus-Christ.

Exode 19.3 ; Jérémie 31.33 ; Matthieu 8.11 ; 10.7 ; 16.13-19, 24 ; 18.15-20 ; 28.19-20 ; Jean 17.14-26 ; 20.21-23 ; Actes 1.7-8 ; 2.32-47 ; 6.1-2 ; 13.1 ; 14.23 ; Romains 2.28-29 ; 4.16 ; 10.9-15 ; 11.13-32 ; 12.1-8 ; 15.1-3 ; 1 Corinthiens 3.5-9 ; 7.17 ; 11.1, 17-33 ; 12.3, 12-31 ; 14.26-40 ; 2 Corinthiens 5.11 — 6.1 ; Galates 5.6, 13-14 ; 6.1-5, 15 ; Éphésiens 4.1-17 ; 5.25-27 ; Philippiens 2.1-16 ; 1 Thessaloniciens 4.1-12 ; 1 Timothée 4.13 ; Hébreux 10.19-25 ; 1 Pierre 1.1-2, 13 ; 2.4-12, 21 ; 4.1-2, 10-11 ; 1 Jean 4.17 ; Jude 24 ; Apocalypse 5.9-10

XII. Le baptême

Nous croyons que le baptême chrétien, ordonné par notre Seigneur, est un sacrement qui signifie que nous acceptons les bénédictions découlant de l'expiation de Jésus-Christ. Il est administré aux croyants sur la déclaration de leur foi en Jésus-Christ comme Sauveur et de leur plein engagement à obéir dans la sainteté et la justice.

Le baptême étant un symbole de la nouvelle alliance, les jeunes enfants peuvent être baptisés à la requête des parents ou tuteurs qui s'engageront à leur donner la formation chrétienne nécessaire.

Le baptême peut être administré par aspersion, par versement ou par immersion, selon le choix du candidat.

Matthieu 3.1-7 ; 28.16-20 ; Actes 2.37-41 ; 8.35-39 ; 10.44-48 ; 16.29-34 ; 19.1-6 ; Romains 6.3-4 ; Galates 3.26-28 ; Colossiens 2.12 ; 1 Pierre 3.18-22

XIII. La sainte cène

Nous croyons que la sainte cène, instituée par notre Seigneur et Sauveur Jésus-Christ, est essentiellement un sacrement du Nouveau Testament qui déclare sa mort sacrificatoire. Par les mérites de son sacrifice les croyants ont la vie, le salut, et la promesse de toutes les bénédictions spirituelles en Christ. Ce sacrement est uniquement pour ceux qui se sont préparés à une appréciation respectueuse de sa signification et, par ceci, annoncent la mort du Seigneur jusqu'à ce qu'il revienne. Étant le repas du Seigneur, seuls ceux qui croient en lui et qui ont de l'amour pour les saints devraient être invités à y participer.

Exode 12.1-14 ; Matthieu 26.26-29 ; Marc 14.22-25 ; Luc 22.17-20 ; Jean 6.28-58 ; 1 Corinthiens 10.14-21 ; 11.23-32

XIV. La guérison divine

Nous croyons à la doctrine biblique de la guérison divine, et nous encourageons nos membres à offrir la prière de la foi pour la guérison des malades. Nous croyons également que Dieu guérit par le moyen de la médecine.

2 Rois 5.1-19 ; Psaume 103.1-5 ; Matthieu 4.23-24 ; 9.18-35 ; Jean 4.46-54 ; Actes 5.12-16 ; 9.32-42 ; 14.8-15 ; 1 Corinthiens 12.4-11 ; 2 Corinthiens 12.7-10 ; Jacques 5.13-16

XV. La seconde venue de Christ

Nous croyons que le Seigneur Jésus-Christ reviendra ; que ceux qui seront vivants au moment de sa venue ne précéderont pas ceux qui sont endormis en Jésus-Christ ; mais que, si nous demeurons en lui, nous serons enlevés avec les saints ressuscités pour rencontrer le Seigneur dans les airs, ainsi nous serons toujours avec le Seigneur.

Matthieu 25.31-46 ; Jean 14.1-3 ; Actes 1.9-11 ; Philippiens 3.20-21 ; 1 Thessaloniciens 4.13-18 ; Tite 2.11-14 ; Hébreux 9.26-28 ; 2 Pierre 3.3-15 ; Apocalypse 1.7-8 ; 22.7-20

XVI. La résurrection, le jugement et la destinée

Nous croyons à la résurrection des morts ; que les corps des justes et des injustes seront rappelés à la vie et unis à leur esprit. « Ceux qui auront fait le bien ressusciteront pour la vie, mais ceux qui auront fait le mal ressusciteront pour le jugement. »

Nous croyons au jugement dernier, au cours duquel chaque personne se tiendra devant Dieu pour être jugée selon les actions accomplies dans sa vie.

Nous croyons que la vie glorieuse et éternelle est assurée à tous ceux qui croient au salut et suivent dans l'obéissance Jésus-Christ notre Seigneur ; et que le pécheur qui meurt impénitent souffrira éternellement en enfer.

Genèse 18.25 ; 1 Samuel 2.10 ; Psaume 50.6 ; Esaïe 26.19 ; Daniel 12.2-3 ; Matthieu 25.31-46 ; Marc 9.43-48 ; Luc 16.19-31 ; 20.27-38 ; Jean 3.16-18 ; 5.25-29 ; 11.21-27 ; Actes 17.30-31 ; Romains 2.1-16 ; 14.7-12 ; 1 Corinthiens 15.12-58 ; 2 Corinthiens 5.10 ; 2 Thessaloniciens 1.5-10 ; Apocalypse 20.11-15 ; 22.1-15

NOTRE ECCLÉSIOLOGIE

La sainte église chrétienne

Nous nous identifions au récit biblique du « peuple de Dieu » et confessons que nous appartenons à « l'église une, sainte, universelle et apostolique ». Le baptême dans l'église du Christ est un témoignage personnel et collectif de la grâce prévenante et salvatrice de Dieu. Nos ministres sont ordonnés « dans l'Église de Dieu »[1] et nos assemblées locales sont des expressions de l'église universelle. Nous soutenons l'affirmation biblique de la sainteté de Dieu et de son église, élue comme instrument de la grâce divine et qu'il appela à l'existence par l'Esprit Saint, qui est sa force de vie et qui fait d'elle le corps vivant du Christ dans le monde. L'église chrétienne témoigne de la vérité selon laquelle l'adoration de Dieu est l'unique but véritable de la vie humaine.

En conséquence, l'église appelle les pécheurs à la repentance et à l'amendement de leurs vies, nourrit la vie sainte chez les croyants par une vie d'assemblée riche et appelle les croyants à une vie sanctifiée. Dans sa sainteté et sa fidélité, l'église expose le royaume de Dieu au monde de sorte que l'église est, dans un sens véritable, la mesure de son propre message.

En accord avec la mission de Dieu

La mission de Dieu dans le monde est première, et nous tirons notre mission de Dieu, qui a formé un vaste univers et, au sein de la nature et de l'histoire, a créé un peuple pour porter l'image divine afin que l'amour de Dieu puisse prospérer. Lorsque le péché endommagea la création, la nature rédemptrice de la mission fut révélée, à savoir « que toute la création soit restaurée pour accomplir les buts créateurs de Dieu. »[2] La restauration de l'humanité est fondamentale.

Pour John Wesley, c'est ici la définition de la sanctification ou encore « le renouveau de notre âme à l'image de Dieu » caractérisée par « la justice et la sainteté véritable. »[3] La mission de Dieu est exprimée dans l'appel d'Abraham, choisi pour être béni de sorte qu'à travers sa descendance, « toutes les familles de la terre seront bénies » en lui (Genèse 12.1-2) et manifestée par l'histoire des Hébreux qui rendirent témoignage à l'unique vrai Dieu dont ils ont proclamé le nom devant les nations de la terre.

Les Chrétiens connaissent Dieu en tant que sainte trinité, dans laquelle Dieu est révélé pleinement en Jésus-Christ, notre Seigneur. L'Esprit Saint nous invite et nous rend capables de participer à la mission de Dieu. L'église prend part à cette alliance et accomplit la bénédiction et la guérison des nations par sa vie sanctifiée. Nous agissons avec d'autres Chrétiens dans la mission de Dieu mais la vision de notre dénomination est d'être une église internationale dans laquelle les frontières nationales ne donnent lieu à aucune frontière ecclésiastique puisque le Christ ouvre l'église à toutes les nations et à toutes les races.

Exercer le ministère du Christ dans le monde

Le fondement du ministère chrétien est l'appel biblique à témoigner de l'amour de Dieu en Christ. Les croyants affirment leur ministère lors du baptême, qui annonce leur intention de témoigner publiquement en tant que disciples du Christ. La vie de disciple fidèle est un signe extérieur de la grâce intérieure que Dieu donne ; de même, c'est un signe de la grâce divine à l'œuvre dans le monde que « Dieu a tant aimé ». Dieu pourvoit au perfectionnement de tous les membres du corps du Christ pour le service et ceux qui sont appelés à un rôle spécifique de direction sont ordonnés en tant que ministres apostoliques. Leur appel est fondé sur une profonde conviction personnelle.

Le clergé et les laïcs de l'église locale et du district discernent et affirment la présence des dons et grâces nécessaires et, en assemblée de district, élisent ceux qui sont destinés à l'ordination en tant que ministres. Les diacres sont ordonnés selon la vocation de leur ministère dans lequel la Parole et la Table du Seigneur ne sont pas les responsabilités principales. Les anciens sont ordonnés pour façonner le corps du Christ par la prédication de l'Évangile, l'administration des sacrements, la nourriture du peuple par l'adoration et l'organisation de la vie de l'assemblée locale.

Les surintendants sont élus par des assemblées composées de laïcs et de membres du clergé pour exercer leur ministère dans un district ou au niveau général. Les surintendants de district orientent leur conduite pastorale et spirituelle vers les églises, les fidèles et les membres du clergé d'un domaine défini. Les surintendants généraux exercent un ministère apostolique et pastoral pour l'ensemble de la dénomination, maintenant l'unité de l'église dans la doctrine et la sainteté, suivant l'exemple du Christ par la collégialité et en exprimant une vision à laquelle l'ensemble de l'église peut adhérer.

Leur perspective doit avoir une dimension internationale. Il leur revient de définir la vision et les besoins des différentes composantes du corps de l'église, de participer à l'allocation des ressources aux régions défavorisées de notre ministère mondial et d'unifier l'église dans sa mission et son message. Par l'ordination de ministres dans diverses assemblées de district et par d'autres moyens, ils sont appelés à maintenir l'unité d'une dénomination caractérisée par une diversité immense de nationalités, de situations économiques, raciales et linguistiques.

1 Ces mots figurent sur chaque créance d'ordination.
2 Roger L. Hahn, « La mission de Dieu dans l'enseignement de Jésus sur le royaume de Dieu » cité dans Keith Schwanz et Joseph Coleson, rédacteurs, Missio Dei : une perspective wesleyenne, 2011, p. 58.
3 John Wesley, Sermons, volume II, 1902, p. 373 ; John Wesley, « Une exposition claire et simple de la perfection chrétienne », cité dans J. A. Wood, La perfection chrétienne enseignée par John Wesley, 1885, p. 211.

NOTRE ORGANISATION

Les Nazaréens ont toujours reconnu leur église comme une expression de l'église universelle. De plus, nous croyons que les Écritures ne révèlent aucune forme spécifique de gouvernement de l'église et que notre organisation peut être établie par accord mutuel, pourvu que rien de ce que nous approuvons ne transgresse les Écritures. Dans cette équation, nous croyons que la mission doit déterminer la structure (*Manuel 2013-2017*, « Exposé historique », p. 7-17).

L'Église du Nazaréen adopte une version démocratique de l'organisation méthodiste épiscopale qui a étendu la voix du clergé et des laïcs et imposé des limites à la fonction épiscopale. Voici quelques éléments essentiels de l'organisation nazaréenne :

- Nous avons trois niveaux de gouvernement :
  1. Les assemblées locales élisent des délégués qui les représentent à l'assemblée de district annuelle.

2. Les assemblées de district élisent des délégués à l'assemblée générale qui se réunit tous les quatre ans.
3. Les décisions de l'assemblée engagent l'ensemble de l'église et toutes ses composantes.

- L'assemblée générale élit des surintendants généraux qui conduisent les ministères généraux de la dénomination et exercent leur juridiction sur l'ensemble de l'église. Ceux-ci assument leurs fonctions d'une assemblée générale jusqu'à la suivante et doivent être réélus à chaque assemblée. Chaque surintendant général est assigné à une liste de districts et est responsable de la tenue des assemblées de district annuelles et de l'ordination des nouveaux ministres dans les districts dont il ou elle est responsable. Le nombre de surintendants généraux a varié selon les époques. Leur nombre est de six depuis 1960. De manière collective, ils forment le conseil des surintendants généraux qui se réunit plusieurs fois par an.
- L'assemblée générale élit un conseil général composé d'un nombre égal de laïcs et de membres du clergé. Celui-ci se réunit annuellement et élit les responsables généraux de l'église ainsi que les directeurs de département. Ce conseil examine les orientations, les budgets et le fonctionnement des ministères généraux de l'église.
- Les églises d'une zone spécifique sont regroupées en districts. Chaque district est dirigé par un surintendant de district. Le district d'églises est organisé à des fins missionnaires et se réunit annuellement en assemblée de district. L'assemblée de district élit le surintendant de district qui a pour responsabilité de contribuer au développement des églises, d'encourager les pasteurs, d'implanter de nouvelles églises et de favoriser la bonne santé du district.
- Les églises choisissent leur propre pasteur en consultation avec le surintendant de district et avec son accord. Les églises gèrent également leurs propres responsabilités financières et de fonctionnement.
- Les districts nazaréens sont regroupés en régions du monde (par exemple, la région Afrique, la région Asie-Pacifique etc.). Les régions du monde sont des structures missionnaires plutôt que des structures de gouvernance.
- Une clause fiduciaire fait du district le propriétaire des bâtiments d'église et des presbytères.
- Les femmes ainsi que les hommes peuvent assumer toutes les fonctions laïques ou du clergé dans l'église.

Notre livre de référence s'appelle le *Manuel de l'Église du Nazaréen*. Ce manuel peut être modifié par l'assemblée générale.

L'église locale

L'Église du Nazaréen désire que toute personne fasse l'expérience de la grâce de Dieu qui transforme par le pardon des péchés et la purification du cœur en Jésus-Christ par la puissance de l'Esprit Saint.

Notre mission première est de « faire des disciples à l'image du Christ dans les nations » pour intégrer les croyants dans la communion et qu'ils deviennent membres (dans les assemblées locales) et d'équiper (d'enseigner) tous ceux qui sont réceptifs à la foi.

Le but ultime de la communauté des croyants est de présenter toute personne devenue parfaite en Christ (Colossiens 1.28) au dernier jour.

C'est dans l'église locale que le salut, le perfectionnement, l'enseignement et l'envoi des croyants ont lieu. L'église locale, le corps du Christ, est la représentation de notre foi et de notre mission.

Le district d'église

Les églises locales sont regroupées en districts et en régions pour être administrées.

Un district est une entité composée d'églises locales organisées interdépendantes visant à faciliter la mission de chaque église locale par le soutien mutuel, le partage des ressources et la collaboration.

Le surintendant de district supervise un district spécifique en conjonction avec le conseil consultatif de ce district.

L'église générale

Les bases de l'unité de l'Église du Nazaréen sont les croyances, l'organisation, les définitions et procédures déclinées dans le Manuel de l'Église du Nazaréen.

Le fondement de cette unité est affirmé dans les articles de foi du Manuel. Nous encourageons l'église dans toutes les régions et quelle que soit sa langue à traduire, distribuer largement et enseigner ces croyances à nos membres. C'est l'ADN de notre identité et de notre action en tant que Nazaréens.

L'assemblée générale est une expression visible de cette unité. Elle est « l'autorité suprême de formulation de la doctrine, de législation et d'élection de l'Église du Nazaréen » (par. 300 du *Manuel*).

Une deuxième expression de cette unité est le conseil général international qui représente l'église entière.

Le conseil des surintendants généraux, qui peut interpréter le Manuel, approuver des adaptations culturelles et ordonner au ministère, en est une troisième expression.

Le gouvernement de l'Église du Nazaréen est représentatif et, de ce fait, évite les extrêmes de l'épiscopalisme d'une part et du congrégationalisme illimité d'autre part.

L'église n'est pas seulement connectée. Elle est interconnectée. Les liens qui nous unissent sont plus solides qu'une corde à un brin qui peut être coupée à tout moment.

Quelle est la source de notre lien commun? Il s'agit de Jésus-Christ.

UNE ÉGLISE INTERCONNECTÉE

L'Église du Nazaréen est une « communion de sainteté » caractérisée par des liens solides. Il ne s'agit pas d'une vague affiliation d'églises indépendantes, ni d'une association d'églises qui partagent des croyances ou des buts communs sans réelle relation organique.

L'église assume sans réserve sa nature interconnectée.

Cela signifie que nous sommes un corps interdépendant d'églises locales organisées en districts afin d'accomplir notre mission commune qui consiste à « faire des disciples à l'image du Christ dans les nations. » Nous nous engageons à nous tenir mutuellement responsables de notre service pour la mission et de préserver l'intégrité des croyances que nous partageons de manière commune.

En tant qu'église interconnectée, nous avons :
- des croyances partagées.
- des valeurs partagées.
- une mission partagée.
- des responsabilités partagées.

Parmi nos responsabilités partagées, nous avons la responsabilité de coopérer au financement de la mission par le fonds pour l'évangélisation mondiale et d'autres offrandes missionnaires spécifiques.

Depuis 1908, les Nazaréens font des disciples à l'image du Christ dans les nations grâce à un ministère mondial. Les régions où le Christ est annoncé sont en expansion et en croissance. Par vos prières et vos dons généreux, vous vous joignez à d'autres pour accomplir plus que vous ne le pourriez en restant seul(e). Chaque offrande donnée à votre église locale a pour but de financer la mission.

L'Église du Nazaréen a pour principe l'égalité des sacrifices, pas l'égalité des dons. C'est là une position biblique essentielle pour une église mondiale qui rassemble des économies développées tout comme des régions en voie de développement.

Le fonds pour l'évangélisation mondiale est le plan de financement de la dénomination. L'expression « financer la mission » est un terme que vous entendez peut-être de temps à autres. C'est là un terme plus large que fonds pour l'évangélisation mondiale utilisé pour désigner les diverses manières dont la mission est financée dans différentes régions du monde.

Les régions de la mission mondiale soutiennent de manière saine la mission et les ministères de l'église. Le financement de la mission a un sens fort pour l'église lorsque cela implique un don marqué par le sacrifice, comme c'est le cas pour de nombreux fidèles.

Lorsque l'on examine le montant total donné à travers le monde, en moyenne 86,1% des sommes sont utilisées pour le ministère dans votre église locale. Les ministères des districts représentent environ 4,5% des dépenses. Vos universités et instituts nazaréens qui donnent un enseignement et une formation spirituelle aux étudiants utilisent environ 1,8% des fonds. Cela permet de consacrer 7,6% de l'argent de votre église pour alimenter le fonds pour l'évangélisation mondiale qui finance les missionnaires, les ministères mondiaux et d'autres offrandes missionnaires spécifiques approuvées.

Comme vous pouvez le constater, vos dons permettent l'enseignement, la formation des disciples et l'annonce de la Bonne Nouvelle aux enfants, aux jeunes et aux adultes. Quand vous donnez, vous vous joignez à d'autres Nazaréens dans une église interconnectée ; vous aimez les personnes brisées par la vie, vous touchez les âmes perdues autour du monde et vous faites des disciples à l'image du Christ dans les nations.

Le fonds pour l'évangélisation mondiale, les offrandes missionnaires spéciales et les sommes destinées au financement de la mission sont chacun des composantes de notre responsabilité partagée. Par leur moyen, l'église peut envoyer des missionnaires, former des leaders nationaux et envoyer des enseignants pour évangéliser, faire des disciples et enseigner la prochaine génération de Nazaréens.

CHRÉTIEN. SAINTETÉ. MISSIONAIRE.

Nous sommes témoins de l'accomplissement de la vision de Phineas Bresee, notre premier surintendant général. Dès le début, celui-ci évoquait un « panorama divin » de l'Église du Nazaréen entourant le globe par « le salut et la sainteté à l'Éternel. »

Chaque Nazaréen(ne), où qu'il ou elle se trouve, participe à la réalité plus large de cette vision. Chaque vie transformée témoigne de l'enseignement wesleyen de la sainteté concernant le plein salut pour tous.

La mission de l'église de « faire des disciples à l'image du Christ dans les nations » nous rappelle que nous avons reçu une responsabilité spirituelle et que dans le même temps, nous devons être de bons gérants de toutes les ressources que le Seigneur nous a données.

La mission vient de Dieu. Cela signifie que notre but est des plus élevés et rendu possible par l'Esprit Saint qui demeure en nous.

Tout en honorant notre « héritage délicieux », l'église ne peut ni se permettre de revenir en arrière, ni rester là où elle se trouve. En tant que disciples du Christ, nous devons poursuivre notre avancée vers la cité « dont Dieu est l'architecte et le constructeur » (Hébreux 11.10).

Voici, Dieu renouvelle toutes choses !

TABLE DES MATIÈRES

BIENVENUE ! 4

NOTRE HÉRITAGE WESLEYEN DE LA SAINTETÉ 5

NOTRE ÉGLISE MONDIALE 8

NOS VALEURS DE BASE 11

NOTRE MISSION 15

NOS CARACTÉRISTIQUES NAZARÉENNES 16

NOTRE THÉOLOGIE WESLEYENNE 32

LES ARTICLES DE FOI 35

NOTRE ECCLÉSIOLOGIE 39

NOTRE ORGANISATION 41

UNE ÉGLISE INTERCONNECTÉE 44

www.ingramcontent.com/pod-product-compliance
Lightning Source LLC
Chambersburg PA
CBHW081600040426

42444CB00013B/3178